JN190458

商談が楽しくなる！モノが売れる！

営業マンの自己心理改革

営業マンの自己心理改革

大岩俊之
Toshiyuki Oiwa

営業の考え方がガラッと変わる
20の法則

はじめに

「営業がしんどい」「面と向かっての商談が苦手だ」というような声をよく耳にします。

営業することが義務になり、商品を売ることだけに頭がいってしまって「お客さまによく思われた試しがない」という方から、実力主義の会社では、「自分のお金さえ稼げればいい」という方や、売上予算に数字を合わせることだけを考え、「なんとなく惰性で営業をしてしまっている」という方もいます。

私は、営業マンを育成するための「営業同行」や「営業研修」を通じて、これまでに約8000人の営業マンと接してきました。そうした中でも「義務感いっぱいの営業スタイル」の方は多く、本人が隠していたとしても、指導する側にはすぐに伝わってきます。

それはすなわち、お客さまにも伝わっているということです。

そのような方は、営業成績がよかった時期があったとしても、次第に伸び悩むようになり、気持ちが低迷していくことがほとんどです。結果としてお客さまとの距離はますます広がり、売上を上げるために、どうしたらいいか分からない状態に陥ってしまうのです。

この負の連鎖によってモチベーションはどんどん低下し、さらに仕事が楽しくなくなってしまいます。

このように営業で大きな壁にぶち当たったり、営業のモチベーションが上がらない理由は、何かの「結果」だけに縛られているからではないでしょうか。「どうやってたくさん売るか」「どうやって説得するか」「どうやって高く売るか」そればかりに目がいってしまってはいないでしょうか。

これでは、営業成績が安定することはありません。

営業という仕事は、常に結果が求められますので、「結果」は非常に大切です。ですが、「結果」だけに着目していると、お客さまが、あなたに対して本当に何を求めているのかが分からなくなってしまうのです。

これでは、本当の「営業力」は身につきません。

営業という仕事の本質は、自分の売りたい商品やサービスを売るのではなく、お客さまが求めている商品やサービスを提供することだからです。

そのためには、「売りたい」という自分目線ではなく、「お客さまのニーズを満たす」という「お客さま目線」にならなければなりません。お客さまが求めていることが分かれば、お客さまに必要とされる営業マンになれます。そしてその瞬間、営業という仕事がとてもやりがいのあるものに変わるのです。

本書では、結果よりも営業の「プロセス」に着目し、そのうえで人間の「行動心理」「心理法則」を活用しながら個々の営業力を向上させるための内容を紹介していきます。

例えば、

・伝え方が悪ければ、「論理的」に組み立てるようにしてみる。
・言葉で説得をしてしまう場合は、「根拠」を示すようにしてみる。
・トラブルになりやすい場合は、「あいまいな言葉」を使わないようにしてみる。
・相手のせいにしてしまいがちな場合には、「与える」ことを先にしてみる。
・忙しく大切なことを後回しにしてしまうときには、「余力をもつ」ようにする。
・売ったら終わりで評判が悪ければ、「売ったあと」に注力してみる。
・お客さまの言いなりになりがちな場合には、「主張する技術」を身につけてみる。

など。

これらを応用しつつ、あなたの営業活動のスキルとして取り入れていけば、苦手意識が克服され、自然とお客さまのところに出向き、商談が楽しくなることでしょう。

その結果として、商品やサービスが売れるようになります。商品やサービスが売れるようになれば、あなたはもう「営業が得意だ！」と胸を張っていえるようになれることでしょう。

「お客さまに売る」という行動を、「自分の営業力を上げる」という視点に置き換えて、営業という仕事を再確認してみて下さい。

あなたが、お客さまの本当の「心」をとらえ、同時に自分自身の「心」に改革をもたらし、もう一段ステップアップした営業マンになれることを心から祈っております。

大岩俊之

section 1

第1章

section 2

第2章

二流と一流を分けるのは、本当に小さな心へのアプローチ

section 3

第3章

これさえ知っておけば、苦手意識は克服できる

section 4

第4章

第1章

お客さまの心を理解すれば、もっと営業が楽しくなる

「心理的な視座」をもつ営業マンの、本当の意味での「お客さま目線」

「自分目線」で接する人の方が意外と多い

「できる営業マンとは、お客さまに商品やサービスを売ることだけが仕事だ」と言わんばかりに、一生懸命商品やサービスの説明をしている人をよく見かけます。

しかし、果たしてお客さまは、あなたの話を本当に聞きたくて聞いているのでしょうか。あなたの一方的な売り込みに、嫌気がさしている可能性もあります。ですから、営業マンは常にお客さまの心理状態を把握する必要があるのです。

優れた営業マンは、その場の空気を素早く察知します。そして、自分が話したいことを話すのではなく、お客さまが話したいこと、悩んでいることを上手に察知して、そのうえでお客さまの要望を的確に聞き出すのです。

ここでのテーマは、心理学用語でいう「心理的な視点取得」です。営業マンは、常に「お客さまの視点」で物事を考えなければいけません。そこで、この「心理的な視点取得」を活用すると、日頃の営業活動にどのような影響を与えるのかを見ていきます。

営業マンにとっては非常に基本的なことですが、意外にできていない人が多いので、ご自身の営業スタイルを変えるぐらいのつもりで読み進めてみて下さい。

営業マンの多くは、実は自分を振り返るのが苦手です。それを克服するには、まず自分が商品やサービスを購入する側になったときのことを思い出すことです。**自分自身がお客さまの気持ちになって、家電やマイカーを購入するとき、もしくは保険を契約するときなどをイメージするといいでしょう。**

ここで、2つの事例を紹介します。

まず、あなたは大型テレビを購入するために、家電量販店を訪れました。そこで接客してくれたのは、店員Zさんです。Zさんはよくいるタイプの店員さんで、あなたの話を聞くよりも、一方的に話し続けます。

店員：お客さま、テレビをお探しですか？

お客さま（あなた）：はい。

店員：A社の液晶テレビはコストパフォーマンスがよく、とてもいいですよ。もしくは、今の時代は4Kが当たり前なので、思い切ってB社の4Kの方がいいかもしれないですね。いや、4Kの液晶テレビを購入するなら、C社の有機ELもいいかもしれません。なにせ、画像が格段にキレイですからね。

お客さま（あなた）：……。

店員さんからこんな説明をされても、テレビの知識に長けた人でなければ、4Kだの有機ELだの、専門用語ばかりで意味が分かりませんよね。これでは、完全に「お客さま目線」ではなく「自分目線」の営業です。

次に、店員Xさんが接客してくれました。

店員：お客さま、テレビをお探しですか？

お客さま（あなた）：はい。

店員：サイズはどれくらいで、値段のご希望はありますか？

お客さま（あなた）：今のテレビが小さいので、大きくしたくて……。

店員：ちなみに、どれくらいの広さのお部屋でお使いですか？

お客さま（あなた）：リビングで、ちょうど12畳なんですよ。

店員：では、まず大きさは50インチを基準に選ぶとよさそうですね。まずは部屋の大きさに対するテレビの大きさを選んで、その後で今のテレビは各社さまざまな特徴がありますので、それをご予算に近いものから順番にご説明しますね。

お客さま（あなた）：はい、お願いします。

こんな店員Zさんと、店員Xさんがいたとしたら、あなたはどちらからテレビを購入しますか？　当然、ほとんどの方が店員Xさんを選ぶはずです。

営業マンはこのように「お客さま目線」を常に意識して接客することが大事です。そんなことは言われるまでもないと感じるかもしれませんが、実際にこれができている人は、意外と少ないのが実態です。

本来ならば、お客さまの視点（立場）に立って話をしなければならないのに、つい一方的に商品やサービスの説明、もしくは専門的な話をしてしまうのです。

この例から分かるように、営業マンは常に前述の「心理的な視点取得」（お客さま目線）を意識する必要があります。心理的な視点取得とは、「他者」からどのように見えるか、さらに、ある出来事が他者にはどのように経験されているか、ということの認知です。

いわば「相手の視点になりきる営業マン」のイメージです。

では、どのようにしてこの「心理的な視点取得」という考え方を営業活動に取り入れていけばよいのでしょうか？

「お客さま目線」になるために

営業マンが「お客さま目線」になるためには、大きく以下の４つを意識するといいでしょう。いずれも営業マンとして基本的なことですが、実はできていない人が多いことなので、ぜひご自身を再確認しながら読み進めて下さい。本当に優秀な営業マンは以下の４つの意識を徹底しています。

（1）相手の話を聞くクセを徹底してつける

「お客さまの状況に合わない提案」をしないためには、お客さまの話を聞くことがスタートです。

昔からの知り合いでもない限り、相手の状況は話を聞くまで分かりません。そのためには、自分の方が多くしゃべるのは、絶対に控えなければなりません。

お客さまが話し始めたら話を遮らずに、まず相手の話を聞くクセをつけましょう。まずは、それを徹底するのが第一歩です。

私が同行で営業の指導をしていて一番多いのが、お客さまの状況を考慮せず、一方的に自分の会社の商品説明を始める人です。

「この商品は役に立つから」「とてもいい商品です」などと、たたみかけるようにアピールするのです。

「役に立つ」「いい商品」だと思っているのは、お客さまではなく営業マンの方だけです。これでは、「お客さま目線」ではなく、完全に「自分目線」です。営業マンはしゃべるのが仕事で、「沈黙はよくない」と思っている人も多いので、いま一度相手の話を聞くことを徹底して行いましょう。

（2）足りない情報を、質問によって確認していく

話を聞くだけでは、必要な情報を得られないかもしれません。そんなときは、足りない情報を、質問によって引き出していきます。

ポイントは、お客さまのニーズを探るような質問をすることです。話が続かないから質問をするのではありません。**的確にお客さまのニーズを掴むことを意識しましょう。**

これも営業の基本ですが、あなたは本当にこうした質問ができていますか？

例えば、

- **どんな用途に使われるのですか？**
- **絶対に必要なポイントはありますか？**
- **予算はいくらぐらいですか？**
- **いつ頃必要になりますか？**

話を聞くことと、質問によって全体像を掴むことで、やっとお客さまに合った商品が提案できるようになるのです。

（3）お客さまのニーズに合わない提案をしない

相手の話を聞き、質問によってニーズを把握することで、お客さまのニーズに合った商品に絞り込んだ提案をするのが基本です。**仮に自分が売りたいと思っている商品があったとしても、絶対にお客さまのニーズに合わない提案をしてはいけません。**

お客さまは「商品の説明だけをして欲しいのか」「自分に合う商品があるかどうか知りたいのか」「現在の商品事情がどうなっているのかを知りたいのか」「カタログやサンプルが欲しいのか」「見積りが欲しいのか」など、あらゆるケースのニーズが考えられます。

これも、私が営業同行の指導をしていたときの話です。お客さま先に向かう車内で、営業マンから訪問するお客さまの状況をヒアリングしていました。すると、「自分に合う商品があるかどうか知りたい」という問い合わせがあったので訪問するとのことでした。

それなのに、その営業マンは到着するとすぐ、お客さまの状況をヒアリングすることもなく、一方的に商品の説明をし始めました。商品の説明をひと通りした後で、お客さまが欲しいと思う商品を選んでいただくつもりだったようですが、残念ながら、お客さまはこの時点で話を聞く気が失せていました。

ここでは、まずお客さまの話を先に聞き、そのうえでお客さまに合う商品だけを説明すればよかったのです。

（4）1回の商談で、お客さまの要望以上のことはしない

仮に法人営業で「自社に合う商品があるかどうか知りたい」という問い合わせがあった場合、チャンス到来だと勘違いして、商品の説明をしたあと、納期や価格の話を始める営業マンがいます。**これは、まさに最悪のケースです。**

特に法人向けの営業は、1回で商談がまとまるケースはほぼありません。必要以上に、お客さまに迫ると、お客さまが引いてしまうことがあります。

「自社に合う商品があるかどうか知りたい」という商談の場合では、商品の説明だけにとどめ、「もしよろしければ次回サンプルをお持ちしましょうか?」などというように、**次回のアポイントを取るのが得策です。**


このように、「お客さま目線」よりも「自分目線」で商品を売ることしか考えていないと、お客さまのニーズに合わない営業をすることになってしまいます。お客さまのニーズに合わなければ、商品を購入してくれることはまずありません。

これを機会にお客さまの心理というものを意識的に考え、自分の営業スタイルが常に「お客さま目線」になっているかどうか、自身を振り返ってみましょう。

モノを売りたければ、まず「エビデンス」を示せ！

医療業界、ＩＴ業界では、科学的根拠が当たり前！

この本を読んでくれている営業マンの方には、一生懸命に商品の内容を説明し、お客さまに買ってもらえるよう粘り強く交渉している方が多いと思います。

確かに、その営業方法自体は間違いではありませんが、これだけ情報があふれている現代のネット社会においては、それだけでは説得力がありません。

言葉でどれだけ説明されても、その根拠を示さないと、今の時代お客さまは納得してくれません。だからこそ、あなた自身が変わる必要があるのです。

例えば動作する商品――家電製品、自動車、電子部品、電動工具などであれば、必ず、スペックが重視されます。

また動作しないもの、材料、家具、飲料などであっても、寸法、耐久年数、デザイン、含有物質、賞味期限などのデータが重要になってきます。

ここでは、「エビデンス」という言葉（考え方）を紹介します。簡単に言うと、証拠、証言、証明のことです。「医学的根拠」や「科学的根拠」などを指します。

医療業界で「エビデンス」は、病気を治療するうえで「効果がある、適切であると言える臨床結果や科学的根拠など」を表現する言葉として用いられています。

この病気には、この治療法やこの薬がよいという根拠がなければ、医師は治療ができません。そのための、科学的根拠が必要なのです。

ＩＴ業界における「エビデンス」とは、「プログラムやシステムが要望どおりに動作していることを証明するもの」を指す場合の言葉です。

この業界は、「言った・言わない」のもめごとも多く、コールセンターでは、やりとりの音声を録音したり、打ち合わせ内容をきちんと書類に残す（ログに残す）ということが、徹底されています。

問題なのは、この「エビデンス」を営業の説得材料として使っていない営業マンがまだまだ多くいることです。今の時代、これは当たり前のことです。もしこの「エビデンス」をお客さまに提示していない営業マンがいるならば、即座に頭を切り替えて下さい。古い考え方を全て捨てるのです。

お客さまに何かを売りたい場合には、見た目や印象に加えて、スペックなどのデータを示す方が、相手に納得してもらいやすいのは確かです。そして、提案する商品が「お客さまに役立つ」という明確な根拠を示すのです。

では、一体どのようにして、スペック、データのエビデンス（根拠）を示していけばよいのでしょうか？

数字やデータで、性能や根拠を示すのがベスト

私が会社員だった時代は、大手AV機器メーカー、大手自動車部品メーカー、パチンコ・パチスロメーカーに対して、電子部品や半導体の営業をしていました。そうした企業で実際に採用が決まれば、仕様書（ハードウエア、ソフトウエア、システムの仕様をまとめたもの）を提出します。

いきなり、仕様書を出す必要はありませんが、大手メーカーの設計部門が求めているのは、営業マンの説明よりも、商品のスペックでした。**必要なのは、お客さまの要求を満たすスペックをもった商品であるかどうかなのです。**

こういったケースでお客さまを説得するには、この2つを示すと確実です。

（1）商品のスペックを表にしてまとめる

自分が販売する商品のスペック、性能、仕様を、表にまとめて下さい。その商品が、動作をするものなのか、動作をしないものなのかによって、多少、内容が違ってくることはあります。

動作をするものであれば、動作が速い・遅い、容量が大きい・小さい、重量、耐久性、色、動作条件などがあり、完成品であれば、重さ、スペックのよし悪しがあり、電子機器では、ＵＳＢ、ＨＤＭＩなどの端子が付いているか、Ｗｉ－Ｆｉに対応しているかどうかなどの性能があります。

パソコン、テレビ、電動工具などは通常カタログにスペックが載っていますが、カタログを見せるだけではなく、自分で分かりやすく、表に作り直してみるのがベストです。

動作しないものであれば、含有成分、樹脂や金属の名前、完成品であれば、賞味期限、デザインの種類、重量などが考えられるでしょう。

私がパチンコ・パチスロメーカーに、スイッチの営業をしていたときには、以下のような必要な情報は、必ず表にして持参していました。

・製品の耐久性：何十万回押しても壊れないか？
・製品の寸法：実際のサイズ
・バリエーション：色の種類など
・重量：製品の重さ
・環境：鉛フリーに対応しているか
・動作保証：何度から何度までの温度で動作するか
・販売：どの会社にも売る一般品か、特定ユーザー向けの特別品か
・実績：他社で採用実績があるか
・値段：およその値段の相場

これは、業界によって表にまとめる項目は違いますが、どんな業界でもリストにできる項目があるはずです。

（2）なぜ、お客さまに必要なのかの根拠を示す

営業マンが商品を提案するときには、「なぜこの商品がお客さまにとって必要なのか？」という根拠を示す必要があります。この根拠を示さずに、商品の説明をしても、何の説得力もありません。

例えば、

- 部品の数を減らすことができ、工数が減る。
- 部品のサイズが小さくなり、製品がコンパクトになる。
- 電気代が節約でき、1年後からはコスト削減になる。

などという根拠です。

私が、海外製の半導体を扱う商社で営業をしていたときの話です。ある日本の自動車部品メーカーが、新しい半導体の取引先を探しているとの情報をキャッチしました。ちょうど日本の半導体メーカーが撤退するところで、その代わりとなる半導体メーカーを探していたのです。

一度詳細を伺った後に、取り扱っていた海外製半導体のスペックを表にしてまとめ、日本製の半導体と比較して、遜色ない点を納得していただきました。表を見ただけで、すぐ分かるように工夫したのです。

次は、「取り扱っていた海外製半導体を採用するといいですよ！」という根拠を示さなければなりません。ただし、そこでお客さまが懸念していた点は、海外のメーカーは日本人と考え方の違いが大きく、日本のメーカーのように物事がスムーズにいかないのではないか、ということでした。

私は採用して欲しい海外の半導体メーカーと話し合い、提案する半導体を購入

するとよい根拠を、３つ示しました。

１つ目は、不具合が発生したときは、商社側が責任を持ち、３日以内にメーカーに解析させること。

２つ目は、安定した供給のために、商社側で在庫を確保すること。

３つ目は、車載用の特別な性能を満たすための検査を、メーカーが加えることでした。

もちろん、他にも海外の半導体メーカーはあります。ですが、お客さまの要望を満たすための根拠を示すことができたのは他にはなく、無事に受注できたのです。

もちろん、毎回、説得力がありそうな根拠が見つかるわけではありません。もし何も見つからなければ、頭を使って、お客さまにとってメリットのある根拠をつくらなければなりません。

例えば、商品単体で販売するのではなく、別の何かと組み合わせて販売をすることも考えられます。お客さま側でバラバラに発注していた商品を、メーカー側、商社側で、発注を代行して納品したり、本来は、お客さま側で加工していた作業を受け持つことで、お客さまの工数を減らすような提案もできます。

このように、商品単体では販売が難しくても、お客さまの工数の削減ができれば、どれだけ利益が上がるかなども、数字やデータで示すことができるのです。

お客さまに物を売りたい場合には、まずスペックやデータを示す方が、明らかに説得力があります。そのうえで、提案する商品がお客さまに役立つという根拠、すなわち「エビデンス」を示すことが重要なのです。

「コミュ力」よりも「必ず約束を守る」営業マンのほうが信頼される理由

人当たりのよさ以上に大事なこと

営業マンのみなさんは、日々お客さまのことを第一に考え、お客さまのご要望を叶えるためにベストを尽くしていることと思います。

いつも笑顔を絶やさず、お客さまから呼び出しがかかればフットワークよく駆けつけ、一にも二にもコミュニケーションが大切。そんな営業スタイルで活動している方も多いことでしょう。

そうした高い「コミュ力」は、お客さまを安心させる要素ではありますが、実は現代の営業マンの価値は、それがすべてではないので、「改革」が必要となります。

ここでは、人当たりのよさや言葉巧みなトーク術を持ちながらも、結果的にお客さまの信頼を損なってしまう、ありがちなケースを「寛大効果」と呼ばれる心理学用語を交えて解説します。

まず「**寛大効果**」とはどういう意味でしょうか。

短く説明すると、「他者が自分を見るとき、相手にとって望ましい側面はより強調され、望ましくない側面は寛大に評価されやすい」ということです。

分かりやすく言えば「お客さまから本当の意味で信頼されている営業マンは、納品ミスやスケジュール管理ミスといった何らかの過失が起こったとしても、お客さまに寛大に対応される」ということです。

すなわち大目にみてもらえる、ということです。

　この「寛大効果」について、私が以前勤めていた会社にいた、対照的な2人の営業マンを例に具体的に説明していきましょう。

　1人目は、他の地域から転勤してきたばかりのAさんです。営業活動は大の得意で、明るく人当たりがいいため、お客さまから「本当に気さくでいい人だよね」と人気がありました。

　客先にも足繁く通うために顔が広く、目立った失敗もありません。

　ただ、Aさんには決定的に欠けている部分がありました。それは、お客さまとの約束の期日に回答が遅れてしまったり、見積り依頼にも少し時間がかかってしまったりすることでした。

　フットワークのよさにも定評があり、急ぎで呼ばれても駆けつけることをいとわないAさんですが、それだけに時間の管理がままならず、回答期日がたびたび遅れてしまうのです。

前任者からそれなりに売上のある会社を数社引き継いだのですが、小さな案件は受注できるものの、なぜか大きな案件は受注できません。その結果、少しずつ売上が下がってきてしまいました。

一方、お客さまと話すのがあまり上手ではないのがBさんです。Bさんは、お客さまのところに足を運ぶことは運ぶのですが、いまひとつ押しが弱く、商品を提案するのを苦手としていました。

ただ、Aさんとは違い、お客さまとの約束はきちんと守り、見積りの提出も早いです。そしてミスもありません。また、お客さまが何気なく口にしていたことなどもきっちり覚えており、要望がなくても「先日、お話しされていたあの件ですが……」と、きちんと自分で調べて回答するようなタイプでした。

あるときそんなBさんが、発注を間違えて納品が期日に間に合わないというミスをしてしまいました。このようなことがあると、お客さまの信用をなくし、一時的に売上が大きく下がってしまうケースが少なくありません。

ですが、大きなミスをしたのにもかかわらず、Bさんは決して見限られることなく、その後も大きな案件を決め、順調に売上を伸ばしていったのです。

Bさんはどうして見限られなかったのでしょうか。

なぜならBさんは、いつも期日をきちんと守り、対応も速く、基本的に丁寧でミスをしない人であるため「安心して大きな仕事も任せられる！」と、お客さまに思われていたからです。

それゆえ大きなミスをしてしまっても「今回ミスはあったけれど、基本あの人なら大丈夫！」と、大目にみてもらえたのです。

逆にAさんの場合、人気があっても期日や約束事にルーズなところがあるため、「ちょくちょく約束を守らないことがあるため、大きな仕事を任せるのはちょっと……」と思われていたのです。

このように、いくら人当たりがよく皆に好かれるタイプでも、実際お客さまは、営業マンのことを非常にシビアな目で見ています。

つまり、ビジネスにおける信用という側面で、「寛大効果」をより得られたのは、Aさんのフットワークの軽さよりも、実はBさんの誠実な期日厳守の対応だったのです。**営業マンは単なる人気者になるのではなく、「いざというときに信用できる人」であることが最も大切です。**もしそう感じていない方は即座に考えを変えて下さい。

では、この「寛大効果」を取り入れて、実際にどのように営業活動に取り組んでいけばよいのでしょうか？

期日の1日前に、必ず提出するテクニック

私は営業マン時代、常にお客さまへの対応がよかったためか、かなり寛大効果の成果が出ていたと実感しています。お客さまに信用されていないと受注ができないような数量や金額、月にして2～3億円規模の注文をいただいてもいました。

また、突発的な商品クレームの際には、不思議なことに大目に見てもらえていました。大きなクレームが発生すると、お客さまからの費用負担請求があるものですが、その金額を値下げしてもらったり、ナシにしてもらったりすることも多々ありました。

こうした、まさに「寛大効果」を得ることができたのは、小さなことでもコツコツと努力を積み重ねてきたからです。

そこで、ここでは私が営業マンとして信頼を得るため心がけてきたことを、5つお伝えします。

（1）お客さまとの約束は必ず守る

これは、基本中の基本です。約束した時間、約束した提出物の期日、約束した納期、約束した値段など、すべてのことが当てはまります。

これこそ極めて当たり前のことなのですが、実は、守れない人もたくさんいるのです。すっかり頭から抜け落ちて忘れてしまう人、守れなかったことに理由を付けて言い訳をする人、平気で納期の変更をお願いしたりする人などがいます。

どうしても納期を変更したいときは、せめて相手から催促がある前に連絡しましょう。「寛大効果」を得るには、まずそれが最低限のレベルです。

（2）約束した期限よりも1日前に提出する

見積りや提案書などは、お客さまと約束した日までに提出すればいいと思っている人がほとんどですが、ここで、ひと工夫します。

相手の希望日、もしくは、約束した日よりもなるべく早く書類を提出するのです。**理想は、約束した日よりも1日早くです。**

ならば2日早いのはどうかと思う方もいるでしょうが、あまり早く出し過ぎると、次回から期日を短縮されてしまいますので、そこは注意して下さい。1日前というタイミングでお客さまに約束したことを実施し続けることで、「寛大効果」を徐々に積み上げていくことができます。

ただし、約束の日よりも早く提出するために、あえて提出の日を後ろにずらすという打算的な行動は、やめた方が無難です。

(3) 自分だけの判断で勝手な約束をしない

信用をなくす営業マンの典型は、お客さまとの約束を、自分で勝手に判断してしまう人です。その結果、お客さまとの約束を果たせず、逆に信用を失ってしまう営業マンが実は多くいます。

例えば、お客さまが急いでいるからと、複雑な見積りを自分の判断で「明日にはなんとかします！」と約束してしまうようなことです。

商社や販売店であれば、メーカーに見積りの依頼をしなければなりませんし、メーカーであれば、工場もしくは設計に見積り依頼をし、工場や設計は、外注に見積り依頼をしなければなりません。

ある程度の複雑な案件は、関連部署に確認してから回答しなければならないのが普通です。

こういう背景があるにもかかわらず勝手な約束をし、もしその約束が守れなかったときには、「寛大効果」を得るどころか逆に信頼を失ってしまうので、決してできない約束はしてはいけません。

きちんと時間がかかる理由を説明して誠実に対応するほうが、よほど信用され

る営業マンになります。

（4）何となくの口約束を忘れない

お客さまと話していると、値段を決めるほどの重大なことではなくても「〇〇を聞いておく」「〇〇を調べておく」など、ほんの些細なことをお互いに口約束していたりします。

このケースの問題点は、営業マンは約束したと思っていなくても、お客さまは「約束した」と思っていることや、その逆の場合もよく起こります。

話の流れで、なんとなくでもお客さまが口に出したことは必ずノートにメモをとり、後できちんと調べましょう。相手は「約束した」と思っていないことでも、こちらから回答を示すと、とても喜んでくれます。

こうしたことの積み重ねが、まさに「信用＝寛大効果」に繋がるのです。

（5）商品を売った後も足を運ぶ

これも営業マンに多いパターンですが、商品を売るまでは一生懸命だったのに、売ったとたん、顔を見せなくなる人がよくいます。このタイプの営業マンは、ハッキリ言ってお客さまからは評価されていません。

なぜなら信頼を得るためには「商品を売った後の方が大切」だからです。仮に売りっぱなしのような営業スタイルを繰り返すと、次の案件を受注するのはかなり難しくなり、万が一、何かトラブルがあったときには、厳しく対応されることが目に見えています。

それこそ、寛大効果どころではありません。アフターに気を配るのも営業マンには必須のテクニックなのです。

このように、普段の行動の積み重ねによって、お客さまにとっての営業マンの価値は決まります。話が上手などの理由で営業マンとして人気を得ることも大切ですが、いざというときの信用を得ることこそが、大きな成果を生むことを覚えておきましょう。これが本当に優秀な営業マンになる秘訣です。

確かに、この「寛大効果」は簡単に得られるものではありませんが、日々細心の注意を怠らずに営業活動に励むことが、ステップアップに繋がるのです。

あえて「悪い面」も見せることが、将来的にあなたの信頼に繋がる

「よい面」しか話さない営業マンは怪しまれる

多くの営業マンは、日々お客さまのところに通い、商品について「いかに品質がいいものであるか」、会社に関しては「いかに信用できる会社か」などを、一生懸命アピールしていることでしょう。

営業マンですから、お客さまに商品や会社のよい面を知ってもらうのは当然なのですが、実はよい面だけをアピールしてばかりではいけません。

ここでのテーマは、あらゆる部分であえて「悪い面」も明かした方が、営業マンとしてより信頼が得られる効果を発揮する「両面提示の法則」についてです。「よい面」をアピールするだけなら、普通の営業マンと何ら変わりません。

では、この法則が営業活動にどのような影響を与えるのか解説していきます。

私がはじめて営業の仕事をしたときのことです。営業の「いろは」も知らない私は、とにかく売上を上げるために、自分が売りたい物が「いかによい商品であるか」「いかにこの商品を買うと得をするか」を一生懸命お客さまにアピールしていました。

説明する内容としては、新製品であれば、新製品のよさをしきりにアピールしたり、他社での採用実績があれば、その採用実績、購入数量によっては大幅な値引きを検討するなど、とにかくがむしゃらに「よい面」だけを前面に出して営業をしていました。

確かにこれは、営業マンのお客さまへのアピール方法としては間違っていません。ですが、お客さまは、いろいろな営業マンから、商品や会社の「よいところ」ばかりをアピールされているためか、「またアピールか……」という感じで、徐々に聞き流されて終わることが多くなります。
そんな営業スタイルだった当時の私は、まったくと言っていいほど商品を売ることができませんでした。

私はごまかすのが嫌いで、すべてを正直に話したい性格です。そこでどうすればいいか、いろいろな本を読んだりして考えました。そして、自分の性格に合う営業スタイルを見つけたのです。
それが、この「両面提示の法則」でした。「どうせ売れないのなら、よい面だけアピールするのをやめて、悪い面も包み隠さず正直に話した方がいいのではないか」と開き直ったのです。

当然ですが、最初はお客さまに「悪い面」を伝えると、さらに買ってもらえな

くなると思っていました。しかし、実際にやってみると、その逆だったのです。

なぜかお客さまが急に商品に興味を持ってくれるようになり、営業成績が上がるようになったのです。

あとからお客さまに、なぜ商品を買ってくれたのかをヒアリングしてみると、「悪い面を正直に話してもらえたので、何かあったときに対処がしやすいし、大岩さんを信用できたから」とのことでした。


このように、「よい面」だけではなく、「悪い面」も見せた方が、人としての信頼を得ることができ、結果的に営業マンとして、商品が売れるようになるのです。

「悪い面」は、いまやお客さまがネットで検索すればすぐに分かってしまいます。であれば、最初から「よい面」と「悪い面」をきちんと説明して、そのお客さまにマッチした商品を提案する形の商談をしなければ、営業マンとしてはスキル不足と言わざるを得ません。


では、これをどのようにして営業活動に取り入れていけばよいのでしょうか？

お客さまに「悪い面」を納得させるのがカギ

お客さまは、どれだけよい商品であっても、悪い面もあることは分かっています。人間の性格でも、長所と短所があるように、すべてが優れているということはありません。

お客さまは「悪い面」を事前に知ることにより、よい面と併せて比較検討し、リスクを考えるようになります。それでも「自分にはこの商品で十分だ」と納得すれば、お客さまは商品を買ってくれます。

その納得を得るために、上手に「悪い面」の情報を伝えるのです。

それでは実際に、どのように、よい面と悪い面を伝えると、お客さまは納得してくれるのでしょうか?

私が家電量販店でパソコンを販売していた経験を例に、５つの手順をお伝えします。

（1）商品そのものの「よい面」を伝える

まずは素直に、商品自体の利便性やスペックなどの「よい面」を伝えます。

例えば、

・他社に比べ、薄型で軽くて持ち運びやすいです。

・パソコンなのに有名オーディオメーカーのスピーカーが搭載されているので、音質がいいです。

私が扱っていたパソコンは、業界では弱小メーカーだったので、少しでもよい面があれば、そこをアピールしていました。

ただし、よい面をアピールするのは、何回かに1回にしましょう。その方が、逆に「よい面」が際立ってお客さまに伝わる傾向にあります。

（2）商品以外の「よい面」を伝える

この場合、価格やアフターサービスなど、メーカーや営業マンの対応のよさを伝えます。

例えば、

・他社と比べ、約20％値段が安いです。

・不良品が出た場合は、他社のように工場の窓口へ連絡するのではなく、私が責任を持って引き取りと交換をします。

（3）商品そのものの「悪い面」を伝える

ここでは、その商品が他社と比べて劣っている面をはっきりとお客さまに伝えます。そのうえで、指摘された質問に対して率直に答えるようにしましょう。

例えば、

・他社と比べ、映像を出力するグラフィックが弱いため、ゲームユーザーには不向きかもしれません。

・他社の同等製品に比べて、ＵＳＢポートの数は少ないですが、通常の使用では問題ないと思います。

（4）商品以外の「悪い面」を伝える

ここは、値段はもとより、納期などの「悪い面」を伝えます。

例えば、

・他社と比べ、値段が約10％高いです。

・生産数量が少ないので、取り寄せに時間がかかるかもしれません。

（5）「悪い面」は「よい面」にもなることを上手に伝える

実際は、「悪い面」を伝えるときに、補足する内容になります。悪い面はどんな商品にもありますが、それを補う理由を付け加えて下さい。

ここが、お客さまが購入を決意するかどうかの一番重要なポイントになります。

そのためには、お客さまのライフスタイルや使用用途をしっかりヒアリングすることが大切です。

そうすれば、「悪い面」が本当にお客さまにとって「悪い面」なのかが見えてきますし、「自分にはそこまでの性能は必要ないかな」とお客さま自身が納得することにも繋がるのです。

・他社製品と比べ、映像を出力するグラフィックが弱いため、ゲームユーザーには不向きかもしれません。ですが、その分、値段が安いので、価格にこだわるお客さまにはピッタリかと思います。

・他社に比べて、USBポートの数が少ないのですが、3つあるので一般的な使用では十分な数です。

このように「よい面」だけではなく「悪い面」も伝えた方が、営業マンはお客さまに安心してもらえるようになります。**悪い面を伝えるときは、悪い面を補う理由を付け加えることを忘れないようにしましょう。**

ここがこの効果の重要なポイントです。

こうして「両面提示の法則」を上手に使うことで、より営業マンとしての信頼度が上がり、ひいては業績も上がりやすくなります。

普通の営業マンからワンステップ上がるためにも、この法則をあなたの営業活動に意識的に取り入れてみて下さい。

売り込めば売り込むほど、ジレンマに陥る「ブーメラン現象」

世の中、モノを売りたい人ばかり

営業マンたる者、お客さまに商品を一生懸命売り込む、もしくは、一生懸命商品の説明をするのが何より大事な仕事だと思っていませんか？　しかし、それだけでは正直、できる営業マンには程遠いと言わざるを得ません。

営業マンは「押す」ときもあれば、「引く」ときも必要なのです。これがうまくできないと、売り込めば売り込むほど、商品が売れないジレンマに陥ってしまいます。営業マンは「がむしゃら」だけではダメなのです。

ここでのテーマは、「ブーメラン現象」というものについてです（これは「ブーメラン効果」とも呼ばれますが、効果といっても「負の効果」を意味しています）。

心理学用語で「ブーメラン現象」と言われているのは、ビジネスでいえば**「強く売り込まれれば売り込まれるほど、人は反発する」というものです。**

押しが強ければ強いほど、反発される度合いもブーメランのように強くなるという意味で使われています。

「一生懸命」なのはよいことなのですが、「一生懸命」すぎると、この「ブーメラン現象」に陥ってしまいます。

しかも、営業成績は悪いのに、本人は「一生懸命頑張っているから間違っていない！」と思っている営業マンは実に多く、これがなかなかやっかいなのです。

では、この「ブーメラン現象」が日頃の営業活動にどのような影響を与えるのかを2つの例で見ていきましょう。

1つ目の例は、お客さまが商品説明を望んでいないのに、一方的に一生懸命商品の説明をして、相手が引いてしまうパターンです。

普段から面識のあるお客さまの場合であれば多少は大目に見てもらえますが、新規開拓などの初対面のお客さまの場合には、この一生懸命という名の「一方的な営業」では、二度と会ってくれることはありません。

おそらく、一回の商談で自社の商品を知ってもらおうとするあまり、つい一生懸命の度が過ぎてしまうのでしょう。

2つ目の例は、お客さまが「今すぐ買いたい」「今すぐ商品が欲しい」わけでもないのに、一生懸命に「どうですか?」「なかなかよい商品じゃないですか?」「今なら、安くできますよ」「役に立つと思います」「御社には必要な商品だと思います」などと、たたみかけるように売り込んでしまう状況です。

買う気もないのに、営業マンから買うように一方的に仕向けられると、お客さまは次回からは会いたくなくなります。いちいち断るのが面倒だからです。

望んでいない商品をしつこく売り込まれるほど、反発したくなるのが人間の心理です。「勉強しなさい！」と言われた子どもが勉強しないように、大人でも、言われたことと逆のことをしたくなるのが、人間の心理というものです。

では、このブーメラン現象は、営業活動においてどのように注意すればよいのでしょうか？

売れる営業マンになりたければ、物を売らない方がいい

営業マンは、商品を売るのが仕事です。しかし前述のように、一生懸命になるのは分かりますが、相手の意に反したことをすると、「逆効果」となってブーメランのように自分に返ってきます。

きちんと状況を考えて折衝していれば売れていた商品でも、あまりに強く売り込みすぎると、売れなくなってしまいます。

そのため、状況に合わせた適度な強さの売り込み方をするのが、現代の営業マンのスマートなスタイルだと言えます。

お客さまの興味がない段階では、なるべくアピールや売り込みは抑えましょう。これが基本です。

私は普段、営業研修をしたり、営業マンの育成プロジェクトでアドバイスをしたり、営業マンに同行して研修指導を行っていますが、お客さまの意に沿わない「売り込み」を抑えることから、まず指導しています。

実際、売れる営業マンは、「売り込み」を抑えて以下の3つの行動を効果的に使っているのです。

(1) 普段は雑談などが多く、商品を売る気配を見せない

売れる営業マンは、商品を売りません。何を売るかというと、信用、信頼を売ります。 そのためには、商品ではなく、コミュニケーションの時間を大切にし、信頼を得るために、相手のことを深く知ったり、自分自身のことを知ってもらう

機会をつくるものです。

注力しなければならないのは「相手の話を聞く」ことであり、雑談をしながら信頼関係を築くことなのです。

ある大手企業で、営業トレーニングをしたときの話です。研修の時間に、私がお客さま役となり、受講生に営業マン役になってもらい、あるテーマに沿って営業に来てもらいました。

20人の受講生がいれば、全員に営業マン役になってもらうのですが、話がスムーズに進むのは、適度な雑談をしながら商談に入る人で、こういった人は全体の半分以下です。

売る気配が前面に出ていないほうが、商談の流れがスムーズになるのです。

（2）商品説明は、軽くにとどめる

買ってもらおうと、商品の説明を一生懸命に行う営業マンは多々いますが、実はこれが逆効果なのです。

商品の説明は、買うとき、買った後に詳しくお客さまのほうから聞いてきますので、買う意思がない時点で突っ込んだ説明をしても、相手は話を聞いていないばかりか、「売り込まれている意識」が強く残り、逆に敬遠されてしまうことになります。

これも、私がある大手企業で営業トレーニングをしたときの話です。ある受講生が、雑談もなくいきなり商品説明に入り、こちらが嫌な顔をしているのにもかかわらず、状況を察することもなく、一方的に商品説明をしてきました。

こちらが嫌な顔をしている時点で、ブーメラン現象が起こっているのですが、それに気づかないのです。

このように、**ブーメラン現象としてお客さまが引いた状態になってしまうと、本来お客さまから聞き出さなければならない情報も、聞き出せなくなります。**

これでは、お客さまのニーズを掴むことなどできません。お客さまとうまくコミュニケーションをとり、相手のニーズを聞き出す営業マンの方が、よい商談になることは言うまでもありません。

（3）「買って下さい！」というのは勝負どころのみ

営業マンは、商談の中のどこかで「買って下さい！」と言わないと、お客さまも購入の意思を示してくれないものです。

ですが、この言葉は、何度も使う必要はありません。「いかがですか？」「どうですか？」のような、優しい言葉でも同じです。

お客さまが「興味を示している」「買っていただけそうだ」などの場面だけで使えばいいのです。何度も「買って下さい！」という言葉を使うと、強く売り込まれたと思われ、その時点で敬遠されてしまいます。

これも私が営業トレーニングをしたときの話ですが、ある受講生はいきなり商品説明に入るだけでは物足りないのか、しばらくすると、「どうですか？」と、すぐに購入を迫ってきました。

中には、営業マンの意見でしかないのに、「御社には役に立つ商品のはずです」「御社には必要です」と、説得しようとする人もたくさんいました。
そう、相手にとって「役立つかどうか」は、お客さまが決めることです。営業マンが、言うことではありません。

明らかな傾向として、商品説明が多く、自分の都合を押しつけてくる営業マンは、次のアポが取れません。アポが取れなければ、売るチャンスはもうないわけです。

だからこそ「一方的かつ押しの強い売り込み」は、営業マンにはタブーなのです。みなさんもこの「ブーメラン現象」に陥らないように、注意して営業活動に取り組みましょう。
自分では意外と気づきにくいものなので、これを機に意識して営業活動に励んでみて下さい。

第2章

二流と一流を分けるのは、本当に小さな心へのアプローチ

できる営業マンは、「ハロー効果」で常に新規顧客を開拓する

イメージだけで判断することは、危険である

実は営業マンの中で多いのが、訪問する会社のイメージだけで、いろいろなことを判断してしまっているケースです。これは、とても危険な兆候です。営業マンとして実績を積んでいくためには、イメージや先入観は大敵なのです。

いつ、どんな状況でも、営業マンは物事をフラットに見て判断する力を養わなくてはならないのです。これは肝に命じておきましょう。

ここでのテーマは「ハロー効果」です。ハロー効果とは社会心理学の現象で、ある対象を評価するときに、それがもつ顕著な特徴に引きずられて、他の特徴についての評価が歪められる現象のことです。

例えば、人事が人を採用するときに、偏差値の高い大学出身という理由だけで、仕事ができる優秀な人材だと判断してしまうことや、上司が部下を評価するときに、難易度が高い資格を持っているだけで、仕事ができる人だと判断してしまうことです。

これを「**ポジティブ・ハロー効果**」と言います。人の目立っているよい点を見て、他の点も実際より高く評価してしまうことです。

一方で、人の目立っている悪い点を見て、他の点も実際より低く評価してしまうことを、「**ネガティブ・ハロー効果**」と言います。

一度仕事で失敗をしただけで、その後の仕事には問題がなかったとしても、その失敗が目立ってしまい、実際よりも低く評価してしまうことなどです。

そして、これらのハロー効果は、営業マンにもよく起こります。規模が大きくネームバリューのある会社などには、営業しても採用してもらえないと勝手に判断してしまい、初めから営業しないことがあります。

逆に、名前も知らない中小企業には、営業しても大した金額にならないからと、訪問先の候補にすらあがらないこともあります。

いずれにせよ、ハロー効果が営業マンのあるべき姿を歪めてしまっていると言えます。優れた営業マンはそれを逆手にとり、常に新規顧客の開拓をしているのです。

実際に私は、かなり有名なパチンコ・パチスロメーカーにダメ元で営業してみたところ、実は、私が売り込もうとしている「スイッチ」を探しており、トントン拍子に採用されたことがありました。

また逆の例では、以前取引先から紹介された無名の中小企業がありましたが、大した売上にならないからと、私は営業に行きませんでした。

後に、その会社との取引は大した売上金額にならないことが分かりましたが、実はその会社の関連会社に大きな需要があることを知ったのです。気づいたときにはすでに遅く、競合他社がしっかりと新しく入り込んでいました。

私が伝えたいのは、「どうせ無理だから」と頭で考える前に、まずは行動に移し、自分で実際に動いてみて、あらゆる状況を把握しながら営業活動をすることが重要だということです。

「分かっているよ！」という声が聞こえてきそうですが、本当にあなたはきちんとした営業が常にできていますか？

きっと耳が痛い方も多いでしょう。では、どのようにしてこの「ハロー効果」を営業活動に取り入れればよいのでしょうか？

お客さまに会うまで、何が起こるか分からない

現代の営業マンは、無難な仕事ばかりをする傾向にあります。あまり無理をしませんん。ですが、正攻法では門前払いになったとしても、別の突破口を探すことで、状況が変わることがあります。

常に、思い切った顧客の開拓にチャレンジする姿勢をもち続けて下さい。それにはやはり、「ハロー効果」を意識して、認知バイアスに気をつけながら営業をすることが大前提となります。

ポイントは、旧態依然とした根性論ではなく、いかに現代風に新たな切り口を見つけて営業の突破口を開くかです。それを日々考えることが重要になってきます。

ここでは、私が新規開拓をするうえで意識してきた5つの考え方をお伝えします。

（1）実際に足を運ぶ前から判断しない（諦める理由を探さない）

これは基本中の基本ですが、何もしていないうちから無理だと決めつけないことです。やってもいないうちから、「○○はできない」と言う人は多いですよね。営業の基本は、お客さまに会うことです。世間的に攻略が難しいと思われている優良企業であっても、話を聞く前から勝手なイメージで判断してはいけません。

まずは、「どうしたらお客さまに会えるか？」を考えて下さい。

（2）大企業は、1回の訪問だけではすべては分からない

大企業を1回訪問して感触がよくないと、「無理」「需要がない」などと判断してしまいがちです。

ですが大企業には、たくさんの部署があり、やっていることがそれぞれ違います。1回の訪問では、たくさんの部署の中の1つを知ったに過ぎません。「無理」「需要がない」などと判断するのは、せめて、複数の部署を知った後でも遅くはありません。

いろいろな部署の人に会うまで、あきらめないで下さい。

（3）取引先の紹介など、コネを利用する

突然、営業電話をして会ってくれるような会社は、いまやほとんどなくなりました。新しい企業に入り込むときには、誰かに紹介してもらうのが得策です。

取引先や仕入れ先などをあたって、新規の顧客開拓に入り込む余地がないかを常に考えて下さい。

表から攻めてダメでも、裏から入ると話を聞いてもらえることは多々あります。

ただし、いきなりいい話が舞い込んでくることなどないので、普段から取引先や仕入れ先と会う度に、「〇〇会社に入り込みたいのだけど、知り合いはいないですか？」などと、意識的に声がけをしておくことです。

このようなことを繰り返していると、あるとき突如、新規の顧客を紹介してもらえることもあります。つまり、日頃の種まきが大切ということです。

（4）既存品を組み合わせたり、新しく製品開発する気持ちをもつ

いろいろな手段を使って、大企業の担当者と会うことができたとします。そこで、今までの営業のように、カタログに載っているような既存商品を紹介しているようでは、その先はありません。

カタログに載っているような汎用品は競合が存在しており、他社が既に入り込んでいることが多いものです。他社から商品を切り替えようとすると、価格競争に巻き込まれてしまいます。

私の経験では、競合他社より安い見積りを提出したにもかかわらず、自社製品が採用されたことはほとんどありませんでした。大企業が、実績のない会社を、値段が安いだけで簡単に採用するわけはありません。

結局は現在、採用している会社の値段を下げるための材料をつくっただけになってしまい、これではその製品の市場価値を下げることになってしまいます。

それよりも、お客さまの話をキッチリと聞くことで、顕在ニーズはもちろん、潜在的なニーズを探すのです。

商品と商品を組み合わせて、角度を変えた商品を提案したり、お客さまに役に立つ、今までになかった製品を新しく開発するなど、営業の方法を工夫しましょう。

（5）中小企業は、目に見えないところまで注意深く観察する

大企業に入り込むことができると、取引実績にもなりますし、大きな売上が見込めるため、どの営業マンも一生懸命です。ですが、中小企業は、あまり大きな取引に発展することが少ないため、営業マンも顔を出すことが少ないものです。

そのためか、私は過去に数回顔を出しただけで、すんなり他社から切り替えてもらうことができた経験が多々あります。

中小企業の攻略で大切なのは、取引した仕事のその先の部分です。その中小企業に採用してもらった商品が1つのパーツになり、大企業に納品されているなどということもあるからです。

もしそれが分かれば、その先の大企業に対しても、何らかの新しい営業の突破

口が見出せる可能性が出てきます。だからこそ、中小企業をあなどってはいけないのです。新規開拓は、既存顧客の「その先」にもあることを覚えておきましょう。

また、市場に出回っている製品は、競合他社の設計者が中身を分解して調べることがあります。そこに、自社の商品が搭載されていたおかげで、大企業から私に連絡があり、別の製品に採用されたという経験もあります。

中小企業は規模が小さいというだけで、そこに大きな潜在需要がないと決めつけないことです。

つまり、人を見た目で判断してはいけないように、会社も見た目で判断してはいけないのです。頭でっかちでのイメージで顧客の現状を決めつけるのではなく、まずは、新たな突破口を見つける行動をすることを心がけましょう。

優れた営業マンほど、この「ハロー効果」を意識して、顧客の新規開拓に常にチャレンジしているのです。

どうして優れた営業マンは、決して相手を不快にさせないのか

相手を不快にせず、上手に断るスキル

ビジネスの中でも営業という職種は、特にお客さまに対して上手に断る能力が求められます。しかし、案外これが苦手な人が多いのです。私も苦手でした。

ときには、あまり我慢しているとつい感情的になってしまい、意図せず、嫌な雰囲気になってしまうこともありますよね。しかし、それでは営業マン失格です。

いかにお客さまの気分を害さずに、上手に断るか。これも営業マンに欠かせない

スキルの1つになるのです。

ここで解説するのは「アサーション」です。アサーションとは、相手に不快な思いをさせずに、自分の意見を主張する技術のことです。

相手の意見をまず認めたうえで、その後で自分の意見を述べます。立場が相手のほうが上の場合であっても、主張しなければいけないことは、きちんと伝えなければなりません。

このアサーションは、コミュニケーション技法の1つでもあり、「人は誰でも自分の意思や要求を表明する権利がある」との立場に基づく適切な自己表現のことです。

私も会社員だった営業マン時代、お客さまに対して上手に意見を主張できないために、何でも安請けあいしてしまったり、逆に我慢できずに感情的に対処してしまったりしたため、後から気まずい関係になったことがありました。

重要なお客さまであっても、やはり主張するところは、きちんと主張しなければなりません。

例えば、取引先から、急に納期を短縮するように要求された場合や、利益がギリギリなのに、さらにコストを下げるように要求された場合などは、苦しいと分かっていながら、なかなか断りにくいものです。

こちらとしては、将来性を考えた場合、ムリをしてでも引き受けた方がいいケースもあるので、上司の判断を仰いだうえで回答することになります。しかし、**本当にムリなものはムリと、きちんと主張をする必要がある状況も出てきます。ただし、このようなケースでは、言い方を間違えるとお客さまの気分を害してしまい、競合他社に仕事を取られてしまう場合も出てきてしまいます。**

緊急事態が発生してお客さまから呼び出されたけれど、他の仕事で今すぐ身動きが取れないときは、呼び出し要請のあったお客さまを不快にさせず、上手に対処をしなければなりません。

逆に、緊急事態が起きたお客さま先に向かうため、今打ち合わせをしているお客さまを早めに切り上げる必要があるかもしれません。こうしたケースで**大事なのは、言い方を間違えると、どちらのお客さまからの信用もなくしてしまう可能性があること**です。

このように営業マンは、相手を不快にさせず、お客さまと上手に接していかなければなりません。**「アサーティブ（相手を尊重したうえで自分の伝えたいことを相手に伝えること）な断り方」**が、非常に重要になってくるのです。

では、どのようにして「アサーション」を営業活動に取り入れていけばよいのでしょうか？

自分のタイプを知り、感情的にならないことが大切

営業マンにとって、お客さまはとても大切な存在です。なるべく、お客さまに

不快な思いをさせたくないという考えから、お客さまに対して、断りを入れることが非常に苦手だという人が多いのが実情です。

そのため、まずは「自分自身がどのように相手に主張するタイプなのか」を把握しておきましょう。**ここで紹介する相手に主張するタイプは3つです。**

これは人によってハッキリと3つのタイプに分かれる訳ではなく、その人の中でドッカンタイプが60％、オロオロタイプが30％、ネッチリタイプが10％というように、混合型であることが多いです。

タイプ1　攻撃的なドッカンタイプ

人との関係を常に勝ち負けで考えて、絶対に相手に負けてはならないと思うタイプです。そのため、相手を見下すことで自分の優位性を保ち、相手の言い分や感情を軽視して、自分の要求を相手に押し付けようとする傾向があります。

どちらかというと、相手に「ノー」と言う権利や自由さえ認めないため、周りは対立を恐れてビクビクしてしまいます。周りが、最初から意見を言うことをあきらめてしまうタイプです。

タイプ2　受け身的なオロオロタイプ

自分さえ我慢すればいいと感じており、自分の感情や要求をはっきりと表現せず、黙ってしまうか、相手に譲ることを選択してしまうタイプです。

相手の気分を害することや対立を恐れて、自分の感情に蓋をしてしまうため、人間関係に波風が立つことはないですが、不満を抱え込んでしまうため、ストレスもためやすいです。

あいまいな表現をしたり、自信のない態度をとったりして、周りの人をいらだたせてしまうこともあります。

タイプ3　作為的なネッチリタイプ

表立ってことを荒立てたりはしないですが、ちゃんと仕返しをするいやらしい人です。正面切って人と対立することがない代わりに、周りの人間を巻き込んで相手に罪の意識をもたせ、自分の手に入れたいものを得ようとします。陰でイヤミや悪口を言うので周りは傷つきますが、証拠がないので本人を責められないのです。

心の中では相手を攻撃したり見下したりしている場合が多いです。

ここで、営業マンが実際に遭遇しやすい左記のようなケースを考えてみましょう。どのようにして、アサーティブな断り方をすればいいのでしょうか。みなさんも考えてみて下さい。

よくある実際のケース

次の予定があるのに、取引先との打ち合わせが長引いてしまい、なかなか切り上げられません。どうすれば、不快な思いをさせず、上手に切り上げられるでしょうか?

まずは、間違えやすい、ついやってしまいがちな断り方（悪い例）です。

タイプ1　攻撃的なドッカンタイプ

「なんでみなさん、そんなにダラダラと話を続けるのですか！」と相手に一方的に感情をぶつけてしまいます。これでは、後味が悪いですよね。

タイプ2　受け身的なオロオロタイプ

「あの〜、すいません、そろそろ時間なのですが……」と、ビクビクしながら言います。話自体は伝わりますが、なんだかスッキリしません。

タイプ3　作為的なネッチリタイプ

口では何も言わず、ペンを机にトントンと打ち付けていら立ちを表現したり、資料を片付け始めたりして、急いでいることをアピールします。相手が気づいてくれればいいのですが……。

相手に不快な思いをさせないアサーティブな断り方は、このようになります。

「そろそろ1時間経ちましたので、今日はこのあたりで終わりにしませんか」と率直に堂々と述べることです。

ポイントは3つあります。

1つ目は、感情を入れずに事実を伝えることです。

「1時間経った」ということを、そのまま伝えます。事実を伝えることで、相手が気づいてくれることもあります。大事なのは、「きちんと時間を守ってくれないと困る」などと、自分の感情を入れないことです。

2つ目は、へりくだったり、高圧的になったりしないことです。

お客さまだからといって、「申し訳ありませんが」などとへりくだらないことです。しかし、逆に「もう、1時間経っているじゃないですか！」などと、高圧的になってもいけません。冷静に対処しましょう。

3つ目は、代替案を提示することです。

「今日はこのあたりで」とだけ伝えていますが、「この続きは次回の○日で」と言ったり、「足りない部分はメールでやり取りしましょう」などと、何らかの代替案を提案するのも重要です。

この3つのポイントを意識することで、相手に不快な思いをさせず、上手に断ることができるようになります。できるだけ、感情的にならないように注意して下さい。

自分の要求や意見を、相手の権利を侵害することなく誠実に、率直に、対等に表現すればいいのです。

二流の営業マンは売って終わり、一流は売ってからが始まり

いい意味での違和感を与える

あなたはもしかして、ただただ、お客さまに商品を売ることばかり考えていませんか？　しかし、それでは大多数の営業マンと同じで、秀でた営業マンになることはできません。これを機に、あなた自身の営業スタイルを見直しましょう。

しかも、仮に商品が売れたとしても、そこからの行動いかんで、一流と二流の営業マンの差が出てくるのです。さて、一流の営業マンは何が違うのでしょうか。

ここでのテーマは、「エスカレーター効果」です。止まっているエスカレーターを上ったり降りたりするときに、足が重くなる感覚になったことがありませんか？

これは「エスカレーターは自動で動くものだ」という思い込みに対する違和感から来ています。そのような違和感を、営業マンはいい意味で利用するのです。いわゆる、ギャップです。ここでは、そんな「エスカレーター効果」を活用すると、日頃の営業活動にどのような違いが出るのかを見ていきます。

営業マンの仕事は、商品やサービスを売ることです。商品やサービスを売るために、お客さまの話を聞いたり、お客さまの役に立つにはどうすればよいかと、一生懸命に考えたりします。

しかし、これは商品を売るまでの話であることがほとんどです。商品やサービスを売った後は、次の採用に向けての商談でもない限り、客先を訪問することはなくなり、売ったお客さまのことを意識しなくなるのが普通です。

お客さまも、営業マンは売ることが仕事であり、商品を売った後は、他の会社への営業活動で忙しくなることは分かっています。

そのため、保守契約でもしない限り、商品やサービスを買った後には、営業マンにあまり期待をしていません。

ですが、**商品の購入後でも、たまに顔を出すような営業マンだと、お客さまは安心するだけでなく、その営業マンを信頼してくれるのです。**

そう、営業マンは商品やサービスを売った後、すなわち「アフターフォロー」に力を注ぐべきなのです。一見、すぐに売上につながらないアフターフォローは時間のムダのように感じるかもしれませんが、必ず次の案件依頼や人の紹介という形で、自分に戻ってきます。

アフターフォローで好印象を与えるのは、心理学用語の「エスカレーター効果」で説明できます。前述のように、止まっているエスカレーターを上ったり降りたりするときは、足が重くなったような感覚を覚えます。

止まっているエスカレーターを歩かなければいけなくなると、脳が普段のエスカレーターでしているようなバランス調整を再現してしまうのです。これは、思い込みに対する違和感から来ています。

つまり、お客さまは「営業マンは売ったら終わり」という感覚を持っているため、逆のことをすると、好印象を持たれやすいということです。

営業マンのアフターサービスがいい方が、リピートしてくれる確率は格段に高くなります。

だからこそ、優秀な営業マンほどアフターフォローを大切にしているのです。

さて、この効果をどのようにして営業活動に取り入れるのが有効なのでしょうか？

アフターフォローほど大きく差が出るものはない

「売ったら終わり」だと思っている営業マンが多い中、商品やサービスを売った後に気にかけてくれる営業マンを、お客さまはかなりの確率で信頼します。

ですが、実はほとんどの営業マンが売ることばかりに意識がいっているため、お客さまにはよく思われていないケースが多いのが実情です。

私が営業トレーニングをしている企業の取引先に、同行したときの話です。大きなミスをしている訳ではないのに、あまりいい印象を持たれていない営業マンのAさんがいました。お客さまに詳しく聞いてみると、Aさんは、商品を売る前には、ものすごく親身になって相談に乗ってくれるし、よく足を運んでくれたそうです。

それが、商品を売ってから急に訪問をしなくなり、お客さまからAさんに問い合わせをしても、商品を売る前のように親身になってはくれなかったそうです。販売から1年後など、新しい商品を売りたいタイミングになると、また現れるということを繰り返していました。

あまりにも自分にとって都合がいいときにしか来ないため、Aさんはお客さまからの信用をなくしてしまったのです。

逆に、さほど目立つ感じではない営業マンのBさんがいました。このBさんは、営業の同行で客先を訪問すると、お客さまから「訪問ありがとう！」と、とても歓迎されています。

どうやら、他の営業マンは商品を販売するまでは一生懸命でも、商品を販売したら、手のひらを返したように寄りつかなくなる中で、Bさんだけが商品を販売した後も客先に通っていたのです。

すぐには次の案件を紹介できないので、お客さまは、申し訳なさそうでした。しかし、何か案件が入り次第、Bさんに声をかけるのは確実です。

商品を売った後に訪問するタイミングは3つあります。ぜひ、効果的に活用して下さい。

(1) 購入していただいたお礼にうかがう

商品やサービスを納入した後、できれば、商品やサービスを納入した2～3週間後くらいが理想的でしょう。使っていただいた感想を聞きがてら、購入していただいたお礼に伺うイメージです。

ただ、購入した商品やサービスを使ってみた結果や感想がすぐに分かることもありますが、実際に使用した人の意見がまとまるには、もう少し時間が必要なケースもあるので、その場合は1～2ヵ月後に再度訪問するのがベストです。

アポの取り方としては、「購入のお礼を兼ねて、早速、商品を使ってみてどうだったか教えて下さい!」というような感じがよいでしょう。

よほどお客さまが忙しくてタイミングが合わないケースでない限り、まず、断られることはないはずです。

（２）商品やサービスを納入後、「問題はないか？」と様子をうかがう

商品やサービスを納入した後、３ヵ月以内に、２〜３回目の訪問をします。その際は、商品やサービスを使用してみて、「何か問題はないか？」などの様子をうかがいに訪問します。

２〜３ヵ月ほど経過すれば、社内では会議で情報共有がされたりして、現場から何らかの感想や意見が届いているはずです。数ヵ月使ってみないと分からない商品の状況が分かるはずです。

アポの取り方としては、「ご契約いただいてから数ヵ月経過しましたが、その後いかがでしょうか？」というような感じがよいでしょう。

お客さまが忙しい場合でも、「商品を納入後、お客さまの意見をまとめて発表する会議があり、何でもいいので意見をもらえたらありがたいです」と言えば、たいてい会ってもらえます。

(3) 今後の見通しを確認しにうかがう

商品やサービスを納入した後、6ヵ月くらいを目処に訪問します。これ以前に、一度も訪問したことがないと、少し警戒される可能性があります。

なので、商品やサービスを販売してから、1〜3ヵ月の間には最低でも1〜2回は訪問しておくことが大切です。この時期の訪問は、お礼や問題点の確認などの訪問があってこそ成立つタイミングなのです。

この訪問では、今後の見通しを伺います。次期モデルを開発しはじめていれば、採用の検討をしてもらえる可能性がありますし、教材のような定期的に使う商品であれば、次年度の採用を検討していただけます。

この3回目の訪問で、やっと次の商品を購入していただくための営業活動をするのがポイントです。

アポの取り方としては、「来年度の計画は、どんな感じでしょうか？」、もしくは「次期モデルの開発状況はいかがでしょうか？」というように、商品の提案をする前提で問題ありません。

商品の採用計画がすぐになかったとしても、何度も定期的に訪問して下さい。

営業マンは、商品を売った後には力を入れないものだという思い込みがあるため、営業マンがアフターフォローに力を入れると、かなりの違和感があり、評価が格段に上がります。

本当の意味でできる営業マンになるためにも、お客さまと信頼関係を深めるためにも、ぜひアフターフォローに力を入れて下さい。

「何かお返しをしないと……」とお客さまに思わせたら勝ち!!

お客さまの困りごとを解決するのも、営業マンの大切な仕事

当然のことながら、営業マンは売り上げを確保しようと、自社の商品を一生懸命にアピールします。ですが、このご時世、ただ商品をアピールしたところで、簡単にモノは売れません。

だからこそ、**一流の営業マンはただ「商品」を売り込むだけの営業はしません。「恩」と「人脈」を最大の武器として、営業活動を行っているのです。**

ここでのテーマは、相手に対して何か役に立つ、もしくは貢献することができれば、お客さまから何らかのお返しをいただけるという、「返報性の法則」についてです。

私が家電量販店に対して、パソコンの営業をしていたときの話です。

私の扱っていたパソコンは有名メーカーではなく、かなりマイナーなメーカーでした。そのため、お客さまのところに頻繁に訪問しても、なかなか積極的に店舗での販売をしてもらうことができませんでした。

それ以前に、お店に商品を展示してもらえないケースも多々ありました。当然、お店に商品を展示しなければお客さまが購入することはありませんし、過去何世代か前のパソコンが倉庫に置かれたままということもありました。

有名メーカーのパソコンは販売重点商品に指定されているため、家電量販店側は積極的に販売します。ですが、私が扱っていたメーカーのパソコンは重点商品ではないため、販売員の方も積極的にお客さまにすすめてはくれません。

この状況に困ってしまった私は、何か打開策をと考えました。**そこで実践したのが「返報性の法則」です。つまり、私のお客さまとなる家電量販店に「恩」を売り、「人脈」を紹介することでした。**


特に、お店の規模が小さい、立地が悪い、などのマイナス条件を抱えた店舗では、私の扱うパソコンがまったく売れないことがありました。

在庫を何とかしたいという相談を販売担当者から受け、そこで私は、よく売れる店舗に移動して在庫をさばくお手伝いをしたことがありました。

こうした小回りのきく対応で担当者に「恩」を売っておいたのが功を奏し、その担当者が別の店舗に異動したときに、たくさん販売していただくことができた経験があります。


今までお世話になった担当者が別店舗に転勤したり、パソコンではなく別の商品の担当になったときなど、私の人脈の中から、対応のいい営業マンを繋ぐなどもしてきました。

こうしたことを続けていると、お客さまから「本部のキーマン」「他店舗のキーマン」などを紹介していただけるようになり、さらに売上を上げることができたのです。

このように、**お客さまに「恩」や「人脈」を提供することができれば、そのお客さまから「お返し」をしてもらえる効果が、まさに心理学用語でいう「返報性の法則」です。**

では実際に、これをどのようにして自分の営業活動に取り入れていけばよいのでしょうか？

お客さまを助ければ、必ず注文が増える

「スーパーに行ったときに試食するとつい買ってしまう」「普段から親身になって相談に乗ってもらっている相手からの頼まれごとは断りにくい」などというの

が、日常生活でよく起こる「返報性の法則」です。

相手からプレゼントをもらったら、お返しをするというのも自然な流れですが、これも「返報性の法則」の1つなのです。

このように「返報性の法則」は、ありとあらゆるところで自然に行われているのですが、意識してビジネスに応用することで、その効果は予想以上に大きなものになります。

ここで、私の経験した営業活動で「返報性の法則」をうまく活用できた方法をお伝えします。

（1）お金にならないお客さまの困りごとを助ける

緊急な納期対応

毎回毎回、無茶な納期対応を引き受けることはできませんが、お客さまが本当に困っていて、助けを求めてくるときは、優先順位を入れ替えてでも、できる限りの対応をしましょう。

その他にも、お客さまの困りごとに対して「緊急対応」をすることで、私の経験上、必ずそのお客さまから何らかのお返しがもらえます。一番の効果は、対応後に、このお客さまへ訪問しやすくなることでした。

人手が足りないときに応援に行く

新しくお店がオープンするとき、大々的なイベントを行うときなど、販売員が不足することがあります。そんなときは、できる限り応援に行きましょう。

業界によっては、仕入れ先の販売応援が当たり前になっていることもありますが、それでも一切、顔を出さない仕入れ先もあります。応援に来てくれた人、応援に来ない人の扱いの差は、必ず後から出てきます。

販売応援に参加すると、普段会えない担当者とも会えますし、立ち話から商談に発展し、受注に繋がったことは何度もあります。お客さまの業種によっては、イベントがないこともありますが、何らかの人手が足りないときにお手伝いに行くとかなり効果があります。

(2) 自分の人脈をフル活用する

お客さまの成績アップに貢献する

一番効果があるのが、これです。お客さまが担当している以外の商品で、同じ店舗で取り扱っている他の商品の購入見込客を紹介することです。

例えば、パソコン販売の担当者に、テレビを買い換えたいという顧客を紹介するなどです。うまくいけば直接「お客さまの追加の売上アップ」に貢献することができるので、非常に感謝されることが多いケースです。

なかなか簡単なことではありませんが、これはかなり効果の高い方法です。

自社の仕入れ先や、信頼のおける会社を紹介する

現状の仕入れ先や取引先に不満があり、困っているお客さまも実は多くいます。こういう場合、自社の仕入れ先、委託先、外注先、もしくは、知り合いで信頼のおける会社があれば、ぜひ、積極的に紹介してあげて下さい。

最終的に、紹介した会社と取引するかどうかはお客さまが決めることです。もし、取引が決まれば、お客さまにも、紹介した仕入れ先、委託先、外注先にも貢献したことになります。

このケースが優れているのは、両方に「恩」を売ることができることです。

中小企業では、銀行や資金調達先を紹介する

お客さまの中に、中小・零細企業があれば、資金調達で困っているケースが多く、少しでも資金繰りの状況がよくなる方法を知りたいと考えているものです。

私たちは専門家ではないので的確なアドバイスはできませんが、専門家を「紹介する」ことはできます。みなさんが銀行担当者や専門家を紹介した結果、お客さまの資金繰りの状況がよくなれば、必ず何らかの形で「お返し」をいただけることは間違いありません。

会社の経営に関することなので、お客さまへの貢献度はかなり高いといえます。

このように、「返報性の法則」を使って「恩」と「人脈」を売ることで、お客さまからはかなりの確率で「お返し」がいただけるのです。

できる営業マンは、ただ商品を売ることだけでなく、こうした見えない努力をしていることを頭に入れておきましょう。

営業マンは1つの分野で徹底的にナンバー1を目指せ!

弱者が強者に勝つ唯一の方法

あなたは、何の分野であれ「ナンバー1」を意識したことがあるでしょうか?

ほとんどの方は、自身の営業成績をイメージすると思いますが、それ以外にも、業界シェア、エリア、業界初など、営業マンが「ナンバー1」を目指すところはたくさんあります。

ナンバー1になるということは、どんな分野でも並大抵の努力ではできません。

しかし反面で、どんな小さな分野であってもナンバー1になっておくことで、営業マンとしての将来は大きく変わるのです。まさに自己心理改革です。

ここで紹介するのは、「ランチェスター戦略」です。ランチェスター戦略とは、弱者が強者に勝つための戦い方のルールのことです。

イギリス人のエンジニア、フレドリック・ランチェスターが発見した戦闘力と勝敗に関する「ランチェスターの法則」が元になっています。

ビジネスに置き換えた場合、個人、零細、中小企業、中堅企業が、大企業と戦うための戦略のことです。

大企業は、資本力、開発力、広告力、拠点の数、社員の数などが圧倒的に優れています。小さな組織が、まともに戦っても勝てることはありません。

大企業は、資金力にモノを言わせ、大量仕入れ、大量生産、大量販売をしますので、価格面でも著しく勝ることになります。

そんな中、中小・零細から中堅の規模までの会社であれば、大企業と正面から戦うのではなく、戦略を工夫して戦いましょうということなのです。

ランチェスター戦略の中で、弱者の戦略として効果がある方法は、

（1）差別化する
（2）1点集中する
（3）接近戦を行う
（4）小さなナンバー1をつくる

の4つが考えられます。

「**差別化する**」とは、デザインを工夫してみたり、かなり特殊な物だけを扱うというように、他社（他店）と差をつけることです。

「**1点集中する**」とは、あるエリアだけに集中して出店したり、扱う分野を徹底的に絞ったりすることです。

「**接近戦を行う**」とは、例えば、街の電気屋さんが、電球のみの注文でも電球交換をしたり、困ったことがあったら電話ではなく訪問するというような、大手企業では真似ができないような対応をすることです。

「小さなナンバー1をつくる」とは、ある狭いエリアで売上ナンバー1の店舗になったり、ある狭い分野で、シェアがナンバー1になったりすることです。

では、どのようにして、これを営業活動に取り入れていけばよいのでしょうか？

「ナンバー1」になるだけで、相手が変わる

ランチェスター戦略の4つの方法を取り上げましたが、この中でも、比較的取り組みやすい「小さなナンバー1をつくる」という方法を紹介していきます。

「日本で一番高い山は？」と聞かれたら、誰でも答えられますよね。答えは、富士山です。標高3776メートル。

では、「日本で二番目に高い山は？」と聞かれたら、ほとんどの人が答えられ

ないはずです。答えは、北岳です。標高3193メートルで、山梨県の西部にある南アルプスにあります。

このように、**人は「ナンバー1」のことを取り上げますが、なかなか「ナンバー2」のことを取り上げることをしません。そのため「ナンバー1」になることで、かなり物事が有利になります。人に与える印象度が、全然違うのです。**

ですが、ここでいう「ナンバー1」は、日本で一番、東京都で一番というような広い範囲ではなく、東京都〇〇区〇〇町で一番というように、狭くても構いません。それでも、業種によっては、かなり効果があります。

では、私が営業マンとして活躍するために行ってきた「ナンバー1戦略」についてお伝えします。

(1) お客さまといっしょに「ナンバー1」の商品をつくる

ある程度、お客さまとの関係づくりが必要になりますが、カタログに掲載されているような既存品、汎用品を売るのではなく、お客さまが必要としている商品やサービスを、お客さまといっしょにつくるのです。

競合他社が存在していないため、お客さまの中では、これはまさに「ナンバー1」なのです。

私は会社員時代、あるＡＶ機器のメーカーと取引をしていました。日本メーカーの家電製品の勢いがあったこともあり、お客さまの要望を聞きながら、他社にない電子部品を開発して納入し、売上を伸ばしてきました。

デジタルカメラ、デジタルビデオカメラなど、小型化が大きなテーマでしたので、それに合わせて、技術部門と連携し、部品の小型化を進めていきました。

ある程度時間が経過すると、競合他社が同じ製品を開発して参入してくるのですが、それまでは、自社の製品しかありませんので、少し高い価格で売ることができます。よって、そこで大きな利益が出せるのです。

(2) 知名度「ナンバー1」の会社と取引する

私が住む愛知県は、自動車に関連したメーカーがたくさん存在しています。その中でも、自動車部品メーカーとして、有名な会社がいくつかあります。私が担当をして、その会社と取引をするのに数年かかりましたが、知名度「ナンバー1」の会社と取引をしている実績は、絶大です。

新規で開拓する会社に、知名度「ナンバー1」の会社との取引実績をアピールすると、かなり商談が有利に進んだことは、数えきれません。

ほとんどの会社に、「あの業界でトップの○○社さんと取引をしているということは、間違いない！」と思ってもらえるのです。

他の中規模の会社と取引を重ね、相当な実績を積んでから、業界トップの会社を攻めるのも1つの方法なのですが、業界でトップの会社との取引実績を元に、規模が小さい会社に営業をするという手法の方が、実は、広がりが早いのは事実です。

価格、納期、品質、技術力など、要求されることは大変ですが、やってみる価値はあるかと思います。

(3) ある特定の分野で「ナンバー1」の会社と取引をする

どの業界でも、ある特定の分野で「ナンバー1」の会社があります。その会社を探して、商品やサービスを提案しましょう。ある特定の分野で「ナンバー1」だということは、その業界では知れ渡っています。こういう会社と取引していれば、その分野の競合他社に注目されるようになります。

競合と取引しているから取引をしない会社もあれば、競合と取引をしているから、取引をしたがる会社もありますが、ある特定の分野で「ナンバー1」の会社と取引すれば、その実績が業界に知れ渡るのは早いということです。

(4) 地域、分野などの小さな「ナンバー1」をつくる

会社全体でみると、大きなシェアを獲得できていなくても、ある地域ではすごく知れ渡っていて「地域ナンバー1」というケースもあれば、ある小さな分野に絞ると「ナンバー1」だということがあります。

このケースでは、まずある狭い地域、分野に絞って「ナンバー1」をつくって下さい。すでにある「ナンバー1」の地域や分野を見つける作業も大切ですが、なければこれからつくり出せばいいのです。

全国区の会社ではないですが、私の住む地域では、有名なリフォーム業者がありあます。そのエリアの人であれば、みんなが知っています。そのような地位を確立すると、必ず、人から選ばれるようになります。

(5) 自分が、ある特定の分野で「ナンバー1」になる

最後に、営業マン自身も「ナンバー1」を目指さなければなりません。営業活動は、自分の裁量でアポを取り、商品提案を行うことが多いですが、会社や上司から、売上数字、新規開拓件数、採用件数、商談件数、訪問件数など、結果を管

理されることがあります。

営業成績が悪いと、会社や上司に管理されるようになり、自由度がなくなります。営業マンの中には、管理されないと動けない人もいますが、その中で営業成績がいい人はあまり見たことはありません。

そうならないためには、少しでも自由に営業活動を行うことができるよう、社内に「ナンバー1」のアピールをしなければいけません。

「売上ナンバー1」「商談件数ナンバー1」など、実力のある営業マンに向かって、あれやこれや上司が指示を出すことは稀です。とにかく、社内で「ナンバー1」の地位を勝ち取ることを忘れないで下さい。

このように「ナンバー1」の地位を確立することは、営業マンにとって大きく役立つことなのです。ぜひあなたも目指しましょう！

第3章

これさえ知っておけば、苦手意識は克服できる

「速い思考」と「遅い思考」を、上手に使い分けよう!!

人は物事を考えるとき、楽をしようとする

営業とは、普段から決断を迫られることが多い職種ですが、中にはその場で素早い決断（即決）を迫られる状況も出てきます。そんなとき、みなさんはどうしているでしょうか？

「あのときこうしておけばよかった」「もっとこう話すべきだった」などと、即決を迫られた後で、反省する場面は多いはずです。

では、そうならないためにはどうすればいいのでしょうか。そこを変えていけば、営業マンとしてワンステップ上に行くことができるのです。

ここでのテーマは、「思考のバイアス」です。思考のバイアスとは、心理学的な見地から言えば、人間なら誰にでもある「思考の偏り」のことです。人間は、事実と違うことでさえ、思い込みをしてしまうこともあります。

アメリカの心理学者であるダニエル・カーネマンは、著書『ファスト＆スローあなたの意思はどのように決まるか？』（早川書房）の中で、人の脳の中には２つのシステム（システム１とシステム２）が存在していると説明しています。

私たちの大脳には、情報処理を司る２つのシステムがあり、システム１（速い思考＝直感的処理）と、システム２（遅い思考＝分析的処理）と名づけられています。

人は、意思決定の大半を、パッと思い浮かぶ「システム１」に頼っているため、間違いを犯しやすいというものです。

例えば、ショッピングモールに出かけたら、視界に入った洋服が気に入ったので思わず買ってしまったり、ケーキ屋さんの前で美味しそうなケーキが目に入ったのでつい買ってしまったり、セールでテレビが安かったので思わず買ってしまったりというような行動が、直感で判断する「システム1」によるものです。

この「システム1」は、自分の記憶から簡単に呼び出すことができる情報から判断したり、その場で見た情報だけで物事を捉えたりしてしまうため、正確な決断ができないことが多くなるのです。

仮に、みなさんが自分のマンションを購入する場合、1~2軒の物件を見ただけで、その場ですぐ決めないはずです。

「場所は本当に利便性がいいのだろうか?」と、実際に駅から歩いて確かめるかもしれません。加えて、マンションを売っている業者が信頼できるかどうかネットで調べたり、人に聞いたりするかもしれません。さらに値段が適正なのかどうか、周りの物件と見比べるかもしれません。

このように、いろいろと分析したり、頭を使ったりするのが「システム２」の考え方なのです。

一方で、営業マンがその場で重要な判断をするとき、実は、ショッピングモールで服やケーキを買ったときのように、「システム１」によることが多いのです。そこを改善できれば、商談の結果が変わります。

では、どのようにしてこの「思考のバイアス」を、営業活動に取り入れていけばよいのでしょうか？

重要なことは、直感に頼って判断しない！

服やケーキなどは単価が安いので直感で購入しても、そんなに大ごとにはならないかもしれません。ですが、マンションは一生に一度の買い物と考えた場合、直感に頼って判断すると、後悔する可能性が多分にあります。

そのため、後悔しないようにと、「システム2」の考え方が前に出てくるのです。

しかし営業マンの場合、「システム1」で判断してミスをすると、会社に損害を与える可能性も考えられます。そのため、「システム2」の考え方はとても重要なのです。

社内で問題のない範囲の条件であれば、その場で即決した方が確実に営業成績は上がります。時間をかけると、お客さまもいろいろなところから情報を収集して予備知識を増やしたり、タイミング悪く競合他社が参入してきてしまうことがあります。

案件を毎回社内に持ち帰って対応した方がミスは減るのですが、やり取りに時間のかかる営業マンは、お客さまに嫌われてしまいます。可能であれば、決断は早い方がいいのです。

私が会社員時代、「システム1」で判断してしまったために、大変な事態になったことがありました。正式な見積りは社内で上司と相談してからになるのですが、後から値段が多少違っていてもいいし、だいたいでいいので値段を教えて欲しいとお客さまから依頼されました。

毎月の取引数量と、今までの過去の取引実績を考慮して、その場で仮の値段を出したのですが、これが失敗でした。

実は、材料費が上がったので、単価を10%上げるように言われていたことと、この商品は受注数が多いため、納入までに時間がかかるということが、頭から抜けていたのです。

「システム1」の思考が前面に出てくると、パッと思い浮かぶ今までの流れに意識が向き、このように大切なことが思い浮かばなかったりするのです。

思考を変えて、「システム２」の考え方で対処したならば、材料費や納期の話は、どこかで思い浮かんだことでしょう。

まず、みなさんに気をつけて欲しいのが、「システム1」が出やすい場面です。傾向として左記のような場合が多いので注意して下さい。

- **体調が悪いとき、疲れているとき**
- **売り上げなどを、上司にあおられているとき**
- **忙しくて視野が狭くなっているとき**
- **時間がないとき**
- **お客さまから早い判断を迫られているとき**

どうしても、このようなときは、「システム１」の考え方が前面に出てきてしまいます。**この場面に出くわしたら、落ち着いて対応しなければなりません。**

そのためにも、後述する事前対策やその場の対応策を覚えておくことを、ぜひおすすめします。

事前の対策としては、

（1）他部署に根回しして、緊急対応をお願いしておく

何度も通っているお客さまであれば、当日の打ち合わせ前に、何を聞かれるかだいたい想像がつきます。緊急な対応が必要になりそうな場合も事前に分かります。なるべくその場で対処しようとしてあたふたせず、事前に関係部署に根回しをしておくことで、スムーズな対応が可能となります。

（2）上司に値段の許可を取ってから伺う

値段の回答をする場合、可能な限り、早く回答した方がいいです。社内に持ち帰ってから上司の許可を取るのも、事前に上司の許可を取っておくのも同じことです。事前の許可があれば、その場で焦ることもなくなります。

（3）事前に、関連資料やデータを用意しておく

客先で設計者などと打ち合わせをするときは、関連資料の細かいデータなどについて、詳しく聞かれることが出てきます。ですが、そこで間違えてお客さまに伝えてしまうことが一番いけません。

その場で、関連部署に確認することもできますが、連絡がつかなかったりして焦ることがあります。事前にお客さまに聞かれそうなことが記載されている書類は、用意しておきましょう。

(4) その場で、上司に一報を入れる

早く判断したいのだけれど、自分に焦りが出てきたなと感じた場合は、「システム1」の思考が出てくる前に、上司に電話で相談をしましょう。第三者の意見やアドバイスを聞くことで、気持ちが落ち着くようになります。

(5) 演技でも、その場を一旦離れる

どうしようもなくなったら、演技でもいいので「関係者に一度確認してきます」などと伝え、その場を離れて下さい。お客さまから離れれば、気持ちが落ち着きます。

このように、事前準備を十分にしておくだけで、その場で焦るケースはだいぶなくなります。また、その場で焦るようなことがあれば、自分を落ち着かせるようにして下さい。気持ちが焦らなければ冷静に判断できる可能性が高まるので、「システム2」を使った論理的な判断ができるようになるのです。

自分にとって「システム1」が出やすい場面を知っておくことと、事前準備を怠らず、その場で落ち着くようにすれば、焦って直感で判断することは減っていきます。ぜひ実践してみて下さい。

お客さまの「保有効果」を刺激して購入を決意させよう

「保有効果」を営業に取り入れよう

営業マンの中には、トーク力さえ磨けば業績が伸びると思っている人も多いようです。しかし営業という仕事は、トーク力だけではレベルアップしないのが実情です。トークに頼った営業から、もっと幅のある営業に変えていきましょう。

まずは、お客さまが何を望んでいるのか。このニーズをいち早く聞き出し、それを解決する。これがある意味正しい営業スタイルといえるでしょう。

中には、現物を見て、持って、触ってみて、購入を決意するお客さまも多くいます。なので、できる限り現物を持参するように心がけましょう。

ここでのテーマは「保有効果」です。人はたった数分でも物を所有すると、愛着を感じ、手放す痛みが生じるようになるという効果です。

ここでは、その「保有効果」を活用すると、日頃の営業活動にどのような影響を与えるのかを紹介していきます。

通信販売などでよく見かける「返金保証」というものがあります。「満足いただけなかったら全額返金します」というフレーズがよく使われていますが、お客さまに一度保有してもらうことによって「手放したくない」という気持ちが生まれるため、返金するケースはかなり少ないそうです。

ビジネスセミナーやエステ広告などでも、「返金保証」というフレーズが使われていたりします。新聞の電子版、テレビの有料チャンネルや学習教材などでは、

1ヵ月無料などのお試し期間が設けられているケースもあります。

ビジネスのチャンスは、この期間に保有（体験）してもらうことにあります。

1ヵ月試した後に、解約するのは逆に手間もかかります。そして「保有効果」がそこで相乗効果を発揮し、結果的にそのまま成約につながるのです。


ゴルフクラブやテニスラケットなどのスポーツ用品では、無料でクラブやラケットを貸し出してくれるお店もあります。自動車の購入を検討するときは、カーディーラーで試乗をさせてもらえます。服を買うときは、お店に現物が置いてあり、試着させてもらえます。

また、電子書籍の購入を検討している場合には、無料サンプルがダウンロードできるものもありますし、ネットのＥＣサイトでは、売っている物の中身を、一部分閲覧することができるものもあります。


家電なども、今は安さを求めてネットで購入する時代になりましたが、一方でまだまだ家電量販店の場合は、実際に現物を確認してから購入したいという人も多いのが実情です。

このように、日常のいろいろな場面において、心理学用語でいう「保有効果」を狙った取り組みがされています。

「保有効果」とは、自分が所有する物に高い価値を感じ、手放したくないと感じる心理現象のことですが、手に取ってしまった後には断りにくくなったり、一度手に取ったり、試してみたりして、現物を確認してから購入したいという人間の心理も含まれているのです。

では、この効果をどのようにして営業活動に取り入れればよいのでしょうか？

現物の力はあなどれない

個人向けの販売の場合であれば、実際に商品を見せて販売することが当たり前になっています。

ですが、法人向けの営業となると、現物をお客さまに手にとってもらい、体感していただくというプロセスを忘れてしまっている営業マンが目立ちます。

どんなに上手な説明よりも、現物を見せ、手にとってもらう、体感してもらうことで、お客さまにその商品のよさを理解してもらう方が、何倍も早く、確実に結果を出すことができるということを覚えておきましょう。

ここで、この「保有効果」を使う際に効果的な6つのケースを紹介します。

（1）商品があれば、必ずサンプルを持参する

工具、文房具、雑貨など、持ち運びができる商品は、必ず現物をお客さまに見せて下さい。動作する商品は、お客さまに手にとって確かめてもらうのが一番です。

すべての商品を持ち歩くことはできませんので、メインとなる商品だけでも常備しておくとよいでしょう。お客さまが商品に興味をもってくれた場合には、次

回の訪問時にも必ずサンプルを持参して、手にとってもらって下さい。

現物をお持ちするというだけで、次のアポも取れます。

また、会計ソフトなどのソフトウエア商品は、現物ではなく、パソコンにインストールしたデモ機を持参し、体感してもらうのがベストです。

中には、半導体などのように現物よりも性能やデータが重視される製品もありますが、私が会社員時代扱っていた電子部品（コネクタやスイッチ）は、実際の大きさや動作したときの感触を確かめてみたいというお客さまがほとんどでした。

そのため、サンプルケースをつくって、常に持ち歩いていました。

そうすると、どれだけ一生懸命に説明しても興味をもってもらえなかったお客さまとの商談が、現物を見せたとたんに成立したことは何度もありました。

（2）飲食物は、必ず試食してもらう

お菓子、飲料、デザート、野菜、お肉などの食品の場合も同じです。飲食物を

扱う営業マンも、必ず試食をしてもらって下さい。

生モノは持ち歩くことはできませんが、それ以外の商品ならば、持ち歩くことは可能です。どれだけ写真で見せたりデータで示したり競合他社と比較したりするよりも、現物、すなわち、試食が一番なのです。

もし、現物を持ち歩けない場合は、試食会を積極的に開催し、お客さまをお呼びして下さい。一番いいのは、客先に出向いて試食会をさせていただくことです。

(3) 持ち運べない商品は、現物を見に来てもらう

キッチン、トイレなどの住宅設備機器は、メーカーのショールームが用意されています。工作機械、家具、車両など、大きな物は持ち運びができません。

そのため、お客さまに現物を見に来てもらうことが必要です。

このような大きな商品は、実は営業マン自身も商品を見たことがないケースがあります。しかし、営業マンが現物を見たことがないのでは話になりません。きちんと現物の商品を自分の目で見て確かめ、その魅力や利便性をお客さまに伝えることが、何よりも重要になります。

（4）工場見学に来てもらう

ある程度の信頼関係ができたら、工場見学に来てもらうと、一気にお客さまとの距離が縮まります。

商社の場合であれば、取り扱っているメーカーの工場です。日本の工場は、本当に素晴らしいところばかりです。外国人からも、日本の製品が人気なのがよく分かります。

私は、半導体や電子部品を扱っていたとき、よく工場にお客さまをお連れしました。商談が成立したときには、必ずお客さまが工場見学に来られますが、商談が成立する前でも、積極的に行うべきです。

工場見学にお誘いするのも、重要な営業手法の1つなのです。

（5）目に見えない商品は、ビジュアル化する

サポート業務、金融商品、ＩＴ系の商品、コンサルティングなどは、目に見える商品ではありません。必然的に、カタログやチラシなどで説明することになります。

ですが、会社が用意したチラシもいいのですが、お客さまに合わせて、独自にビジュアル化した提案資料を作成するのが最も効果的です。

私の経験からですが、設計、開発、企画などの専門部署に提案資料を作成してもらうよりも、営業マンが作成した方が、信頼度が圧倒的に高くなります。

専門部署が資料を作成した場合、専門家であるあまり、会社目線のものになりがちですが、営業マンが資料を作成すると、お客さま目線になりやすいからです。お客さまのことを一番分かっているのは、営業マンに他なりません。

（6）人がからむ場合は、人を連れて行く

人材派遣や人材紹介なども、本当は本人を連れて行った方が話は早いです。本

を書く著者も同じですが、書店には出版社の営業マンだけではなく、著者も顔を出した方が、あきらかに書店員さんの対応がよくなります。

また、農業の生産者、商品の開発者、本の編集者、著者などの場合も、実際にその商品づくりに関わった人が「見える化」できると、さらに、お客さまに伝わりやすくなりますし、信頼性も一気に上がります。

どんな優れた説明よりも、営業はまず、お客さまに現物を見ていただくのが一番です。素晴らしい資料やカタログを見せて説明しても、現物にはかなわないのです。

一流の営業マンになるためにも、「現物の大切さ」をいま一度意識するようにしましょう。これは本当に大切なことです。

できない営業マンほど、「言った・言わない」の問題を起こす

日本人は、あいまいな表現を好む

ビジネスシーンでは、「言った・言わない」など、お客さまとのもめごとは絶対に避けなければなりません。しかもなぜか、この手のもめごとは、新人よりも仕事に慣れた人の方が起こしやすいので、中堅以上の営業マンでもかなり注意が必要です。自分では気づいていない人も多いので、改めて意識してみて下さい。

営業マンは信頼が一番の武器ですから、これを失うようなことは、何があって

も避けなければなりません。一度ネガティブなレッテルを貼られると、なかなかそれを払拭するのは難しくなります。日頃から、お客さまとのコミュニケーションには細心の注意を払いましょう。話が盛り上がればいいだけではありません。

ここでのテーマは、「ロジカルコミュニケーション」です。アメリカの文化人類学者であるエドワード・T・ホールが唱えた「**ハイコンテクスト文化**」と「**ローコンテクスト文化**」という区別方法を例に挙げながら、説明していきます。

「**ハイコンテクスト文化**」とは、伝える努力をしなくても、お互いに相手の意図を察しあうことで、なんとなく通じてしまう文化のことです。

あいまいな表現が多く、あまり多くを話さない傾向にある日本人は、まさにハイコンテクスト文化の筆頭といえます。

一方「**ローコンテクスト文化**」とは、明確に言語によってコミュニケーションを図ろうとする文化のことです。直接的で分かりやすい表現を好み、寡黙であることを評価しない傾向にあります。

ローコンテクスト文化は、ドイツ人、アメリカ人、フランス人などがメインとなります。

この日本人特有のハイコンテクスト文化は、会社での仕事の進め方だけでなく、人との付き合い方、家族間の会話など、日常生活にも浸透しています。なので、仕事でのやり取りがあいまいになってしまうのは、ある意味仕方ないことなのかもしれません。

よくあるやり取りは、「空気を読めよ！」「雰囲気で察しろ！」「1つ聞いたら、大体分かるだろ！」「何年働いているんだ！」「あれあれ、それそれ！」「いつものようにお願いします！」という類の言葉です。

しかし、これらの言葉は本来、ビジネスの現場ではあってはなりません。特に、お客さまとやり取りをする営業マンが、きちんと事実を確認せずに仕事を進めることは、ミスを誘発する原因にもなります。

明確な情報を把握していないということは、お客さまに迷惑をかけるだけではなく、会社に多大な損害を与えることにもつながるのです。

日本人はハイコンテクスト文化のため、いちいち説明しなくても、あるいは、説明が分かりづらくても、「私のことを察してくれる」という気持ちが先に出てしまうのは、仕方がない面もあります。

ですが、営業マンがミスをしないため、きちんと相手に意図を伝えるため、商談を有利に進めるためには、営業マン自身が工夫をするしかありません。

大事なのは、その場の空気を読んで、あいまいな表現、あいまいな答え方をしないことです。こうした営業マンの対応次第で、「言った・言わない」のトラブルを防ぐことができるのです。

では、この日本人特有のハイコンテクスト文化への対策として、営業マンはどのように日頃の商談などを工夫していけばよいのでしょうか。

話の聞き間違いをしないテクニック

まず営業マンの心得として、日本人特有のあいまいな表現に流されて商談を進めてはいけません。以下に紹介する工夫を取り入れることで、常に情報が明確な状態でのやり取りに変える必要があります。

（1）言葉を繰り返して確認する

お客さまの多くは、社内用語や業界用語を多用するため、慣れない営業マンは理解できないことがあります。

商談で、お客さまが複数人参加されると、お客さま同士で、あいまいな表現でやり取りをしていることがあります。

お客さまにとっては当たり前の表現であっても、外部の営業マンには、当たり前の表現ではありません。必ず気になった言葉は繰り返して、確認して下さい。

例えば、お客さま同士の会話で以下のような表現をしていたとします。

ダメな例

お客さま：たしか、A機種は生産予定数が多いはずだよなー。そうそう。

↓

営業マン：なるほど、そうなんですね（明確な生産数が分かっていない）。

よい例

お客さま：たしか、A機種は生産予定数が多いはずだよなー。そうそう。

↓

営業マン：生産予定数が多いとは、具体的には何個ぐらいなのですか？

特に数字に関しては顕著なので、ハッキリしていないあいまいな言葉は、必ず相手に具体的な数字を確認しましょう。

（2）クローズドクエスチョンで確認する

クローズドクエスチョンとは、「はい」「いいえ」で答えられる質問のことです。対義語として、オープンクエスチョンがあります。これは、「来月発売する商品は、いつ店頭に並ぶのですか?」など、「はい」「いいえ」で答えられない質問のことです。

営業マンは、雑談をするとき、お客さまから話を聞き出すときなど、オープンクエスチョンを使うことが多いため、クローズドクエスチョンを忘れがちです。

ですが、物事を確認するときは、「クローズドクエスチョン」が大きな効果を発揮します。例えば、飲食店で注文をした後、店員が注文の品を復唱して「以上でよろしいでしょうか?」と聞くことがあります。

これが「クローズドクエスチョン」で確認するという方法で、注文が合っていれば「はい」、間違っていれば訂正するだけです。

営業マンは、商談の最後に必ず「クローズドクエスチョン」で確認するように

して下さい。

・○○の資料は、3日後、○日の午前中まででよろしいですよね？
・○○商品は、来週の月曜日納品になりますが、大丈夫ですよね？
・次回の打ち合わせは、○日の14時ですね？

などです。

（3）議事録でお互いに確認する

営業マンがメモをしたノートや手帳では、営業マンが一方的に勘違いしてメモをすることがないとは言えません。その間違いを防ぐためには、議事録という形に残して、お客さまと商談の内容を共有し、お互いにチェックをするのです。

一番確実なのは、商談後に議事録を作成してメールで送り、それに対して返信をもらうことです。ただし、すべての商談でこれをやるのは大変なので、大切な商談だけに絞るといいでしょう。

私の経験では、自動車部品メーカーでいくつかの部署が参加した大切な商談では、お客さま側が議事録をつくり、必ずお互いに確認した後、印鑑まで押して共有していたこともありました。

（4）あいまいに答えたことは、すぐメールで補足する

あいまいな表現をしないことは営業の基本ですが、「確認してみないと分からない」「自分ではそこまで判断できない」などということがあるのも事実です。その場合、あいまいに答えてしまったことは、案件を持ち帰ってから必ず迅速に補足の連絡をしましょう。

この補足連絡を忘れたために、お客さまは「大丈夫なのだ！」と判断してしまい、あとからもめごとになることがあります。

また、**なるべく電話での決めごとは避け、メールでお互いに分かる証拠を残すことが大切です。たとえ電話で何かが決定したとしても、必ずその後で相手にその決定事項をメールしておくことを徹底しましょう。**

日本人があいまいなやり取りをしてしまうのは、慣れ親しんだ文化なので変えることは難しいものです。

ですが、**物事が「あいまい」になってしまうことは、営業マンの工夫次第で避けることができるのです。**

よりいい仕事をするためにも、お客さまとのやりとりに関しては、必ずその都度内容をよく確認し、メールなどの証拠が残る手段を講じることを、日頃から習慣づけておきましょう。

お客さまの言動にイラッとしたときは「6秒」待て!

優秀な営業マンは、怒りの感情を表に出さない

ビジネスのシーンでは、お客さまの言動に対して、イラッとするときがたまにあります。ときには、感情的になってしまい、お客さまと嫌な雰囲気になってしまうこともあります。しかしこれは、営業マンにはあるまじき行為です。

営業マンはそんなときでも、絶対に感情的になってはいけません。お客さまの苦言は、逆に「自分の至らない点を教えてもらっている」ぐらいの気持ちでいる

ことが、ステップアップの秘訣です。

ここでのテーマは、「アンガーマネジメント」です。人間の怒りの感情が持続するのは「6秒」と言われています。そのため、イラッとしたときは、「6秒」待つことで、怒りがかなり軽減されるようになります。「6秒」さえ我慢できれば、たいていのことは穏便に済ませられるようになると考えましょう。

もちろん6秒でおさまらない怒りの感情もあると思いますが、営業マンたるもの、そこは耐えることで乗り切るぐらいの覚悟が必要です。

営業マンは、会社の窓口です。そのため、何か問題があるとお客さまに呼び出されるのは営業マンで、問題があると真っ先に怒られることになります。

自分がミスをしたとき以外でも、工場の生産の都合で納期が間に合わなかったり、倉庫の出荷ミスや入力ミスで商品が納品されていなかったり、商品が間違っていたりなんてこともあります。

中には、商品設計での問題や製造工程のトラブルで、不具合が出てしまうこともあります。商品を仕入れて販売している場合は、メーカー側の出荷ミスや生産不良でお客さまに呼び出されることになります。

私は、営業マンを15年以上もやっていたので、お客さまに頭を下げてきた回数は、数えきれません。

怒られる原因の1位は、納入した商品の不具合です。2位は、不具合を起こした後の対策が不十分であることです。3位は、注文した商品と納入した商品が違うというものです。

いつも、「私は関係ないのにー」と心の中で叫んでいました。

お客さまに怒られたり、無理難題を言われてイラッとするのは、仕方ありません。ですが、イラッとしたままお客さまに言葉を言い返してしまったり、腹が立ってストレートに感情をぶつけてしまうと、後で大変なことになります。イヤな気持ちを表情に出してしまい、その場の雰囲気を悪くすることもあるでしょう。

とにかく、怒りがピークのときに、感情にまかせて相手に接しないことが重要です。人間は怒りがピークのときに、なかなか自分をコントロールできません。ですから、あえて「6秒待つ意識」を常にもっていることが、行動心理学的見地から言えば重要になるのです。

私も**この6秒のおかげで、何度救われたか分かりません。**

では、どのようにしてこのアンガーマネジメントを営業活動に取り入れていけばよいのでしょうか？

怒らずに、その場を上手にやり過ごすには

日頃から、お客さまと会社の板挟みになり、いろいろと苦労している営業マンのみなさんの気持ちはよく分かります。

これから、お客さまや社内関連部署と上手に付き合いながら、営業活動をうまく行うためにも、感情をコントロールする技術を身につけなければなりません。

ここでは、私の経験を踏まえたビジネスシーンにおけるアンガーマネジメント

のコツを5つにまとめたので、それを紹介します。

(1) 怒られたら、「6秒」は言葉を返さない

カッとなって言葉を返すときは、たいてい反論か言い訳です。反論や言い訳をすると、その場の雰囲気がさらに悪くなることは確実です。ひどい場合は、相手に対して逆ギレしてしまう場合も出てきます。

そんな事態を避けるために、苦言を呈された場合は、すぐに言葉を返さないことです。すぐに言葉を返さなければ、「6秒」は自然と過ぎます。

しかし、人はそう簡単に感情を抑えることはできません。感情的に言葉を返さないために、「うなずき」「あいづち」だけに徹することです。

お客さまに何を言われても、そのまま言葉を反復したり、「はい」「そうですね」「申し訳ありません」などと言うだけにして下さい。

(2) 表情に出さないために「6秒」目線をそらす

イラッとした感情が顔に出てしまうのは、人間なので仕方ありません。ですが、なるべく、イラッとした表情が相手に伝わらないように、あえて目線をそらすのです。

不思議なことに、目線をそらすと、相手の攻撃を避けることができるため、イライラの感情が抑えられます。その間に「６秒」が経過し、気持ちが落ち着くようになるのです。

ただし、目線をそらすのはイライラが落ち着くまでの「６秒」から、最大でも「10秒」くらいまでにして下さい。目線をそらしすぎると逆に、「話を聞いていない！」と悪い印象を与えてしまうことになりかねません。

表情に出さず、怒りを抑えるための「６秒」だと思って下さい。

（３）怒られ終わったら「６秒」あける

怒られ終わった後、ほとんどの人は、物に当たります。物に当たるだけで終われればいいですが、状況によっては、自分より弱い立場の人に当たることになってしまいます。

自分の立場がマネージャーやリーダーであれば、部下に当たります。何年も働いている人であれば、後輩に当たるようになります。最近は、少なくなりましたが、入社年数が浅い女性の事務アシスタントに怒る人もいます。

こうなってしまったら、どうしようもありません。

怒られたときの怒りの感情は、ピークを過ぎていますが、怒られ続けたために、イライラがまだ残っています。怒られ終わった後にも、「6秒」が必要なのです。

(4) 問題があった部署に連絡する前に「6秒」待つ

営業マンは、会社の窓口という立場なので、自分以外の部署や人のミスでも、代表してお客さまに怒られなければなりません。

自分のミスならば、怒られている理由はすぐ分かります。ですが、商品不良、納期遅延、納入ミス、書類の不備など、他の部署が原因のミスは、お客さまにミスが起こった理由と解決策を提示するために、関係部署に連絡して確認することになります。

その連絡をする前に、気持ちが落ち着いていないと「かなり強い口調」で相手に迫ることになってしまいます。たとえミスした相手が悪かったとしても、今後の人間関係に悪影響を与えるのはよくありませんから、穏便に済ませた方が絶対に得策です。

(5) 思い出してイライラしてきたら「6秒」待つ

お客さまの対応を上手に終わらせ、問題があった部署に確認をし、何とかやり過ごしたとしても、まだ安心できません。

温和な人は別として、少し短気の私にはよくあるのですが、ふと、怒られたときの状況が頭に浮かんできて、急に怒りがこみ上げてくることがあります。

こんなときも、たまたま近くに人がいたり、電話がかかってきたりすると、強い口調で会話してしまうことがあります。

直接的ではありませんが、このような場合でも、「6秒」待ってから人とのやりとりを行うようにしましょう。

仕事でお客さまに怒られることは、誰もが経験していることです。ですが、その後の対処の仕方によって、それまでと同じ関係が続くこともあれば、逆に、関係が悪化してしまうこともあります。

そうなることを防ぎ、**怒りの感情やイライラを抑えるためには、「6秒」待つのが一番効果的だと覚えておいて下さい。**

人気が人気を呼び、人が人を呼ぶ「バンドワゴン効果」

「バンドワゴン効果」について知ろう

ここでのテーマは、お客さまの目に映る自分を大きく見せるテクニックです。

多くの人は、「業績のいい会社」や「敏腕な営業マン」から商品を買いたいという潜在意識があります。同じ買い物をするのであれば、会社としての信頼性、商品の信頼性、営業マンの信頼性が高いところから買いたいと思うのは当然の感覚です。だからこそ、営業マンはまずお客さまの信頼を得るのが第一なのです。

しかし、会社の業績や自分の営業成績など、現実が伴っていない場合も往々にしてあります。そこで、**ここでは「バンドワゴン効果」を上手に使い、仕事ができる営業マンに見せる秘訣について考えてみましょう。**

まずは「バンドワゴン効果」とは何かについて説明していきます。

突然ですが、みなさんが美味しいラーメン店を選ぶ基準は、どこにあるでしょうか？　また女性の場合、美味しいスイーツのお店を選ぶ基準は、どこにあるでしょうか？

おそらく、お店に行列ができている繁盛店が、美味しいお店だと思うはずです。今は、多くの人が利用するメジャーなグルメサイトをはじめ、多種多様なＳＮＳの投稿を参考にすることもあるでしょう。

グルメサイトの評価が高いほうが、美味しいお店だと思えますが、グルメサイトやＳＮＳの投稿を参考にして訪れてみたときに、お店が閑散としていたら、入店するのを躊躇《ちゅうちょ》してしまうのではないでしょうか。

今現在、流行っている物や売れている物も見逃せません。例えば、最近では2万円以上する高級トースターがよく売れているそうです。

トースター自体はもっと安価で買えますが、その付加価値などで一度話題になると、たとえ価格が高くても人は購入するのです。

また、ベストセラー本は、さらに売れるようになります。書籍は、数万部売れて、ある程度の話題性をもつと、新聞広告にデカデカと掲載されたり、テレビやラジオ、雑誌や電車広告などで頻繁に紹介されるようになります。

そうなると、その本を頻繁に目にすることになり、「いい本だ」と思うようになって、さらに購入する人が増えます。そして最終的には、数十万部、数百万部のベストセラーとなります。

このように、ある製品や事柄に対し、多くの人がそれを支持している場合、そ

の製品や事柄への支持がより一層高くなるといった現象のことを、心理学用語で「バンドワゴン効果」といいます。

バンドワゴンとは、パレードなどの行列の先頭を行く楽隊車のことを指し、「バンドワゴンに乗る」というと、時流に乗る・勝ち馬に乗るといった意味になります。

人が並んでいるお店には、美味しいお店だと思って入店し、今流行っている物や売れている物は、いい物だと思って購入するようになります。**人の心理は「人気のある物＝いい物」なのです。**

これをビジネスに応用しない手はありません。では、どのようにして、営業活動に取り入れればよいのでしょうか？

「業績好調の会社」「忙しい営業マン」に見せる工夫

では、お客さまから信頼を得るために心がける、3つのことをご紹介します。

(1) アポイントを取るときに、忙しい人だと思わせる

一番ダメなアポイントの取り方は、「来週でしたら、いつでもいいです！」と回答するような方法です。

営業マンは、お客さまが選びやすいように、日程の選択肢を広げたりして、気を遣っていることもありますが、これでは「暇な営業マン」「こちらの都合のいいときに呼べばいい」と思われるようになってしまいます。

お客さまにアポの日時を指定するときは、○○日の○○時、△△日の△△時など、細かく指定した方が、他の予定が詰まっている忙しい営業マンだと思われます。

仮に電話や商談時にお客さまから日時を指定された場合、他の予定があると一旦ペンディングにし、「予定調整をしてみます」と言ったり、他の日時を再設定した方が、忙しい人だと思われやすくなります。

要は、即答で日程を決めないことも、逆に営業マンの価値を高めることに繋がるのです。

ただし、これは難しいテクニックでもあり、結果的にアポが取れないと売上に響くので、話のもって行き方に注意が必要です。

（2）お客さまに自分の忙しさや会社の状況をアピールする

お客さまと打ち合わせをしていると、必ずと言っていいほど「○○さんは忙しいですか?」「御社の景気はどうですか?」という話題になります。

お客さまとの関係が上手にできていれば、今の状況を正直に話すこともありますが、たとえ暇であったとしても「最近はちょっと忙しいですね」と答えましょう。

会社の状況を聞かれた場合でも、たとえ会社の業績が停滞していたとしても、「おかげさまで、多くの発注をいただいております」と答えるようにしましょう。

お客さまも人間ですので、忙しい営業マン、景気のいい会社に発注したくなるものです。

私も会社員時代、忙しいときの方が、どんどん売上が増えていきました。営業とはそういうものなのです。

もし、逆の状況にあったとしても、日頃の見せ方次第で、相手に与える印象は大きく変わります。**さりげない会話の積み重ね（忙しさのアピール）が、あなたの売上に実は大きく影響してくるのです。**

（3）受注したときは、納期回答に注意を払う

商品を受注したときには、「すぐ納品できます！」と安易に答えてはいけません。在庫品であれば「売れていないから余っているのかも」、メーカーであれば「受注が少ないから生産ラインに余裕があるのかな」と、お客さまに思われてしまいます。

お客さまが急ぎの案件であって、商品がすぐに用意できたとしても、あえて即

答しないことが大切です。

ただし、お客さまとの信頼関係の深さや、緊急度によっては、すぐに対応した方がいいケースも多々あるので、そこはケース・バイ・ケースの判断でお客さまとの関係づくりを意識しましょう。

例えば「一度社内に戻ってから確認して回答します」と言うとき、または、その場で会社に電話で確認してから回答するときに、ひと言付け加えることも重要です。

こういう場合には「なんとか社内調整できました」という言葉が、あたりさわりがなくていいでしょう。在庫に余裕があったとしても、社内のラインが空いていたとしても、**「自分のために努力してくれたのだな」と、お客さまに思ってもらう工夫です。**

少し高度になりますが「なんとか社内で調整して、納期を間に合わせることができそうです」「御社の製品の優先度を上げてもらいました」という答え方もいいですが、明らかにわざとらしい場合は、信頼関係を損ねる場合もありますので、注意して下さい。

この「バンドワゴン効果」を上手に日常の営業に取り入れることで、実際に売れる営業マンになり、ひいては営業マンとしてのスキルアップを図ることができるのです。

ぜひ意識して、今後の営業活動に取り入れてみて下さい。**最初は「できる営業マンに見える」というレベルであったとしても、これを続けていくことで、確実に営業マンとしてのスキルはアップします。**

第4章

「得意」を増やし「自信」を得て、「信頼」を勝ち取る

「またあなたに会いたい」と、お客さまに思ってもらう営業術

新規開拓営業より既存のお客さま

突然ですが、**あなたは既存のお客さまが、また次にあなたに会いたくなるような営業活動ができているでしょうか？** もしかしたら、既存のお客さまのフォローを必要最低限にして、新規開拓の営業に励んでいませんか？ しかし、それでは営業マンとしての業績向上もスキルアップも十分には図れないのです。

ここでは「いかに既存のお客さまが大切か」ということを考え直してみましょ

う。きっと自身の中で思い当たることがあるはずです。

営業マンが売上を増やすには、既存のお客さまのリピート案件と、新規のお客さま開拓の２つを考えなければなりません。そこで覚えておいて欲しいのが**「１：５の法則」と「５：25の法則」**という考え方です。

まず、既存のお客さまと新規のお客さまでは、かかるコストが大きく違います。

●１：５の法則

新規顧客を獲得するコストは、既存顧客を維持するコストの５倍かかる。

●５：25の法則

顧客離れを５％改善すれば、利益が最低でも25％改善される。

これは、アメリカ大手コンサル会社であるベイン・アンド・カンパニーの名誉ディレクターであるフレデリック・Ｆ・ライクヘルドが調査して発見した法則です。

ここで紹介する2つの法則は、いわば行動心理学的な見地から、営業という仕事を見た場合の話になります。

この2つの法則の論点を簡単に言えば、顧客の新規開拓は重要ですが、それ以上にリピート客を増やすこと、そして、そのケアが重要ということなのです。

新規開拓は一見大きな手柄に思われがちですが、実は営業マンは既存顧客のリピート率を上げることが、自分の実績に大きくかかわってくるのです。

私が電子部品の営業をしていたとき、パチンコメーカーを新規開拓したことがありました。はじめのうちは、ほとんど相手にされませんでしたが、あきらめずに理由を見つけては通い続けました。お客さま側の担当者との信頼関係もできていないですし、私の働いていた会社の製品も知ってもらっていないことから、いかに製品のサンプルを提出し、手にとってもらうかが勝負でした。

そして、1年かけて通い、ようやく製品に興味を持ってくれました。とても長い道のりでした。

私のそれまでの経験では、パチンコやパチスロに新しく部品が採用された中では、一番早かった企業でも、２年という期間がかかっていました。そんな中で新規に営業したほとんどの会社は、見向きもされませんでしたから、私の場合は採用されただけでも運がよかったのかもしれません。

このように、**新規のお客さまを開拓するのは、簡単ではありません。ですので、既存のお客さまを大切にした方が得策なのです。**

既存のお客さまからの次の案件を受注する、既存のお客さまが、自社の同じ製品を使い続けてくれる、既存のお客さまが保守サービスを次年度も契約してくれるなどの方が、新規開拓と比べ、労力がかかりません。

そもそも、営業マンたるもの、既存のお客さまから「またこの人の話を聞いてみたい！」と思ってもらわなければなりません。

そんな営業がいかにできるかが、これからの時代の営業マンの勝敗を決める大きな要因になってきます。

単なる雑談ではなく、お客さまが求めている情報を提供するなど、これからの

営業には相手のニーズに合わせた工夫が必要なのです。

では、どのようにすれば、「またこの人に会いたい」と思われる営業マンになることができるでしょうか。

お客さまに嫌われる営業マンの特徴

私は、会社員の営業マンという立場から、今では、逆に企業の皆さんにさまざまな研修をする立場となりました。

研修の参加者には、営業マンと打ち合わせをする立場にある技術設計担当者や、購買（調達）担当者がいます。講座中や休憩中の雑談などで、「二度と会いたくない営業マン」や、逆に「また会いたくなる営業マン」などをよく聞いたりしています。実際、普段から営業マンに会っている方の意見は、とても貴重です。

それによると、以下に紹介するような営業マンには、会いたくなくなるそうです。営業マンのみなさんは、くれぐれもこれらの事項に注意して下さい。

(1) 売ったら終わりで、二度と顔を出しに来ない

売るまでは一生懸命で、お客さまが購入した途端、二度と顔を出さなくなるタイプです。また、新製品などが出て自分が売りたくなると、ちょうどいい時期に、また登場します。**このタイプが、一番嫌われます。**

お客さまに商品を販売したら、その後の様子をうかがいに行ったり、アフターフォロー営業もきちんとするように心掛けましょう。

(2) お客さまが販売する商品の知識や、業界知識がない（法人営業の場合）

これは法人営業の場合ですが、お客さまとなる会社の業界の動向や競合などの状況は、知っていて当然です。お客さまが販売する商品も、自分がかかわっている部署だけではなく、すべて把握しておかなければなりません。

私は、営業マンになりたての頃、自分のお客さまが扱う商品について、仲のいい購買担当者から、いろいろと教えてもらっていました。ちょうどそんなとき、購買担当者が変わったにもかかわらず、それまでと同じように、お客さまに教えてもらおうとしたのです。

そうしたら、「営業マンのくせにそんなことも分からないのか!!」と、激怒されてしまった経験があります。その後あっという間に、お客さま社内、同業社の間で話題となり、とても恥ずかしい思いをしたことがあります。

前任担当者に甘えていただけで、自分の考えが浅はかだったことを思い知らされました。

（3）技術的な知識がない（相手が設計担当者などの場合）

お客さまである会社の設計担当者の窓口になるのは、営業マンです。お客さまは、直接、みなさんの会社の技術者や、商社であればメーカー担当者に連絡をしたりしません。なので、営業マンに話が通じなければ、手間もかかりますし時間もかかります。

設計担当者からすると、**すべてを知って欲しいとは思わないが、勉強をして欲**

しいという気持ちが強いようです。

私は理系出身のため、設計担当者と会うのは全く抵抗がありませんでした。さらには、エレクトロニクス技術が大好きだったため、「話が分かる営業マン」だと、かなり重宝されましたが、文系出身の人は努力をしないといけません。

これは、他の分野でも同じです。 医療従事者に営業する場合は、お客さまに関連する分野の医療のことは、かなり詳しく知っていなければなりません。建築材料を営業する場合は、自分が販売する建築材料だけではなく、関連することを知っていなければなりません。また、キッチンを販売する人であれば、キッチンの機能を知っているのは当たり前で、さらには、家の構造から、設置工事の知識なども必要になってきます。

（4）お客さまが知りたい情報を持ってこない

お客さまは自分の業界の動向、競合他社の状況、次世代の製品開発やその予定、流行・廃りなどの情報をとても知りたがっています。その業界の流れに沿って、商品を開発しようと考えるからです。

中でも、他社の状況は、かなり気にされています。何でもペラペラとしゃべるのはよくありませんが、教えることができる範囲で、お客さまに情報を伝えてあげると大変喜ばれます。

お客さまの情報収集の一番のルートは、実は営業マンなのです。その価値が分かっている営業マンは、こちらからアポを取らなくても、お客さまから呼ばれるようになります。普段から情報収集能力が低く情報がない人は、お客さまに相手にされなくなってしまいます。

（5）人間的に信頼できない

メールの回答、見積り書などを約束通りに提出しない人は、営業マン失格の前に、社会人失格です。さらには、**会社のマニュアルにあるような機械的な対応しかできない人や、あと一歩上司に掛け合ったりして努力しようとする気がない人、緊急時の動きが遅い人などは、はっきり言って嫌われます。**

お客さまは、直接面と向かってクレームは言わないので、自分で気がつくしかないのですが、お客さまにアポ取りの連絡をしたときなどに、だんだんと冷たくあしらわれるようになります。

法人営業は企業と企業の取引ですが、商談をするのは人と人です。そこに介在する営業マンの人間性は、とても大切な要素となります。

以上の５つを意識して、少しでもお客さまに信頼され、リピートしてもらえる営業マンになりましょう。

できる営業マンは「いい紹介」で、どんどんお客さまを増やす

先入観は、人の判断に大きく影響する

実は営業という仕事は、お客さまを新規に開拓するよりも、人に紹介していただいた方が、成約率が上がるものです。とはいっても、ただ単に人に紹介してもらうだけでは、その効果は限られています。紹介にも「いい紹介」と「あまりよくない紹介」があり、できる営業マンはきちんと「いい紹介」を活かして、顧客拡大をしています。そして、それがいいサイクルで回っているのです。

では、どうすればいいのか、「プライミング効果」という心理学用語を使って説明しましょう。「プライミング効果」とは、先に情報を入れておくことで、後に学習する事柄が思い出しやすくなったり、覚えやすくなったりする効果のことを言います。上手に利用すれば学習効率が上がったり、ビジネスにも力を発揮したりします。

例えば、自分をお客さまに紹介してもらう場合、ただ「○○社の××さんです」という感じでは、正直物足りません。もし、みなさんの働いている企業が、業界でトップクラスの知名度や製品力、技術力を持っていれば、「○○社」と伝えるだけで理解してもらえるでしょう。

ですが、そうでない企業で働いている方がほとんどだと思います。

となると、紹介してもらうにも、少し工夫をしたいものです。

○○社の××さんは「この分野でかなりの知識を持っている方です！」であったり、「対応が驚くほど早いので、頼りになる人です！」であったり、「他の営業マンならあきらめる案件でも、粘り強く社内交渉をしてくれる人です！」といったように、**プラスαの言葉を付け加えて紹介してもらうだけで、紹介されたお客さまの印象と対応がかなり変わります。**

ファミレスなどでボタンを押すと、「ピンポーン」と鳴って、店員さんを呼び出すものがあります。実はこの商品、ある小さな会社が大きなシェアを持っています。私は、この会社（顧客）を開拓しようとずっと考えていました。するとあるとき、私が勤める会社と取引をしている商社の担当者が、急にその会社の人と引き合わせてくれることになったのです。

そして、その会社へは数回通い、なんとか無事に自社の商品を採用してもらうことに成功した経験があります。

後から聞いてみると、その紹介をしてくれた人は、私が担当でなかったら、引き合わせはしたくなかったそうです。手前味噌ではありますが、会社の商品力よりも、担当者との日頃の信頼関係の方が、大きく左右した案件でした。

こういう状況を生むためには、自分という営業マンの価値を高め、多くの人に紹介してもらえる人間にならなければなりません。

そのためには、日頃の営業活動で誰に対しても、他の人より優れている自分のあらゆる面をアピールし、お客さまの信頼を勝ち取るのがベストな方法です。

普段から信頼のおける営業マンではないのに、紹介のときだけ都合よく見せることはできません。今の時代、紹介はバカにならないので、これは秘策でもあります。

では、どのようにしてこの「プライミング効果」を、営業活動に取り入れていけばよいのでしょうか？

最大限の効果が出る紹介のされ方とは

お客さまを「紹介」によって増やしていくのは、新規開拓に比べ、大きな手間もかからず、理想の方法です。なので、少しでも成約の確率が高くなるような紹介をされることで、営業成績アップを目指しましょう。

ここでは、成約の確率を高める紹介のされ方の例を、5つお伝えします。

(1) 他人に信頼される人になることがまず第一歩

当たり前の話ですが、他人から信頼されていないような人は、人に紹介をしてもらえることは絶対にありません。人を紹介するということは、紹介した側にも責任が生じるからです。

人に会う度に「誰かを紹介して欲しい！」と伝えている人がいますが、お願いすれば紹介してもらえるわけではありません。紹介してもらえるかどうかは、あなたの普段の行いにかかっています。

日頃から、約束を守る、信頼されるように努力する、早い対応を心がける、ウソをつかないなど、自分の行いを正していきましょう。信頼のおける人であれば、必ず、紹介は自然に起こります。

(2) 付き合いが浅い人からの紹介は、状況によって見極める

異業種交流会、名刺交換会、お取引先業者の集まりなどは、自分が求めているお客さまと人脈を持っている人に出会ったりします。社交辞令のことも多いですが、その場の流れから、「今度、○○会社を紹介しましょう！」などと、話が進むことがあります。

こうしたケースで知り合った人は、お互いのビジネスが広がればと、顔合わせの場を用意してくれることがあります。しかし、そこで自分を紹介してもらったとしても、紹介してくれた相手も、こちらのことをほとんど知りません。

ですから、そのままの状態で顔合わせをしても、ただ会って名刺交換をするだけで終わることになってしまうでしょう。

私は独立してから、異業種交流会、名刺交換会、著者の会、ランチ会などで知

り合った方に、ごくたまに人を紹介していただく機会がありました。**ですが、お互いのことをよく知らないままの紹介は、確かに顔合わせだけで終わってしまうことがほとんどでした。**

だからこそ、事前に相手に情報を伝える「プライミング効果」が、こういう場面で必要となってくるのです。

(3) 一緒に仕事をしたことがある人から、紹介を受ける

私がお客さまを人に紹介する場合は、「一緒に仕事をしたことがある人」に限定しています。一緒に仕事をしたことがあれば、普段の対応や行動、性格などが分かるからです。そこで知った情報を予めお客さまに話しておくことで、紹介された人間の印象というのは大きく変わります。

人を紹介して欲しいと思っている相手は、仕事で困っていることがほとんどです。一緒に仕事をしたことがあれば、仕事のレベル、質などが分かるため、相手にも「どんな人なのか」を説明しやすいです。「〇〇さんは、このような人です

よ！」と、先に伝えることができますし、私が仕事をしている講師業界は、「講師の経験」「講師の雰囲気」「親しみやすさ」「話の分かりやすさ」などが重要な指針となっています。

これが分からない人は、怖くて他人には紹介できません。お客さまに人を紹介する場合は、一緒に仕事をしたことがある人にした方が、確実です。

(4) 気になる相手とは、なるべく距離を縮めておく

私は、企業で研修をする仕事をしていますが、仕事柄、社会保険労務士や中小企業診断士などの士業の方や、求人広告の営業マンなどからお客さまを紹介してもらう機会があります。

私にお客さまを紹介してくれた人は、私のことを相手に「○○に強く、△△の人です！」というように、仕事の内容、実績から、私の性格や特徴などを伝えてくれていることがほとんどです。そんなときに、何を伝えてもらうかで、今後の取引のしやすさが変わってきます。

こうしたケースの場合、私は自分のことを知ってもらい、相手にきちんと伝えてもらうために、一度ランチやカフェなどで世間話を含めた意見交換の場を設けるようにしています。会う回数が増えれば信頼関係も深まりますし、非常に効果的です。

紹介者が知らないことは、人に伝えることができませんからね。いきなり夜の食事会でというよりは、まず気軽な感じの方がいいでしょう。

（5）紹介先のお客さまから信頼を得ている人を選ぶ

ごくたまにですが、せっかくお客さまを紹介していただいたのに、紹介してくれた本人があまりいい評判ではないなどということがあります。

そうなると、紹介してもらった側も「あの人の知り合いなら、そんなにいい人ではなさそうだ！」と先入観を持たれてしまうことがあります。逆に、あなたの方がよさそうだから、「仕事相手を切り替えたい！」などと言われたこともありますが、簡単に紹介者を裏切ることはできませんので、結局、お断りすることになります。

つまり、お客さまの評価が低い人からの紹介は、できる限り避けた方が無難ということです。

このように、ただ紹介を受けるだけなのか、紹介してもらうために自分のことを知ってもらい、お客さまに自分のいい情報を事前に伝えておいてもらうかで、大きな違いが生まれます。

ですから、営業マンは日頃から、質のいい「紹介」をもらえるように、努力を怠らないようにしましょう。

本当に優秀な営業マンは、「20%の余力」を必ずもっている

与えられた時間に対して仕事は埋まる

当然ですが、営業というのは、お客さまを訪問するのが一番の仕事です。そのため、たくさんのアポイントを入れ、できるだけ多くの人と接点をもつように努力します。

しかし意外にも、そこに落とし穴があったりするのです。スケジュール帳が全て埋まるほどアポを入れるのはいいことではありますが、あまりアポを詰め込み

過ぎると、実はいざというときに身動きができなくなってしまうデメリットもあるのです。このスケジュール管理も、営業マンには重要なスキルなのです。

そこで、そんな落とし穴を回避するために覚えておきたいのが、イギリスの政治学者シリル・ノースコート・パーキンソンが提唱した「パーキンソンの法則」です。

パーキンソンの法則とは、

第１法則
仕事の量は、完成のために与えられた時間を全て満たすまで膨張する。

第２法則
支出の額は、収入の額に達するまで膨張する。

パーキンソンの法則には、このように第1法則と第2法則があります。**ここでは、その中の第1法則の方を取り上げ、「パーキンソンの法則」を活用すると、日頃の営業活動にどのような影響を与えるのかを見ていきます。**

みなさんは、会社で仕事をしていると、このような経験はないでしょうか？

- **スケジュールが、いつの間にか埋まっている。**
- **余裕をもったはずのスケジュールが、パンパンになっている。**
- **忙しいときに限って、さらに仕事が増える。**
- **緊急事態が起こると、予定がぐちゃぐちゃになる。**

例えば、1時間で終わる仕事があったとします。全部で2時間の余裕があったとしたら、結局、1時間の仕事に2時間使うことになります。

ゆっくり作業を行うこともあれば、さらによい出来に仕上げようと工夫することもあります。

人は、与えられた時間を満たすように、仕事で埋めてしまうということです。

仕事で時間を使うのはいいことですが、営業マンの場合は、突発的なクレーム、納期トラブルなど緊急対応がついてまわります。

現代は人手不足で、一人に対する仕事量も増加しているため、自分で時間のコントロールを上手にしないと、あっという間に与えられた時間すべてを使ってしまいます。

そのため、緊急事態に対処する時間がなくなり、お客さまに迷惑をかけることになります。

ですから、普段から「与えられた80％の時間」しか使わないと決め、その時間ですべてを終わらせるようにし、「20％の余力」を残しておくことが求められるわけです。

では、どのようにしてこれを、営業活動に取り入れればよいのでしょうか？

20％の余力をもつための工夫

今から紹介する方法は、見方によっては、少し余裕があるように見えるかもしれません。昔ながらの管理をしたがる会社、細かい性格の上司などからは、「そんな時間があるなら、もう1件まわれ！」と小言を言われる可能性もあります。

しかし、私が会社員の時代は、常に20％の余力をもって行動していたため、緊急時に素早い対応が可能でした。そのおかげで、お客さまからの評価も抜群でした。やはりこれは、常に時間の余裕をつくっていたからに他なりません。

私は、これまで何十人というトップセールスマンを調べてきましたが、ほぼ全員の方が、かなりの余力を残して仕事をしている実態がありました。

「これでトップセールスマンなの？」と思われるくらい、余力を残している方もいます。

営業研修や営業同行などで、営業マンを指導した経験からも、緊急時に素早い対応ができる営業マンの方が、お客さまからの信頼が厚くなり、結果的に売上げが上がっていくのです。

こうしたことからも、**営業マンの仕事の詰め込みすぎは、有害なことの方が多いといえます。**

では、具体的にどう営業活動に取り入れればいいのかを紹介しましょう。

20％の余力をもつための5つの方法

（1）アポイントを入れすぎない

例えば、企画提案営業の場合は１時間ほど商談に時間を使うので、１日に打ち合わせできる件数は、多くても３件です。20％の余力を残すためには、１日に４件も5件も入れてはいけません。

ルートセールスや配達を兼務した営業の場合は、商談時間は、10～20分程度でしょう。配達を含め、１件で30分使うとして、移動時間も含めると、１日に訪問できるのは、5～6件でしょうか。

また、顔を出すだけの営業では、10件ほどまわる会社もあるかもしれませんが、どちらにしても、仕事量がギリギリのアポイントは入れないことです。常に20％の余力を残すことを心がけましょう。

私だけではないと思いますが、忙しいときに限って緊急事態が起こるものです。最悪、次の日でも間に合うクレーム案件であっても、次の日まで、アポイントでぎっしり埋まっていると身動きが取れません。これで、お客さまに怒られたことが何度もあります。

（2）次の打ち合わせまでに、少し時間を空ける

例えば大手企業に営業に行く場合、１つの打ち合わせに、お客さまは１時間の時間を想定していることが多いです。

同じ会社の他部署で、次の打ち合わせをちょうど1時間後にしてしまうと、何かあって前の打ち合わせが遅れたときや、緊急の電話が入ったときに対応できなくなります。必ず、打ち合わせと打ち合わせの間には、30分のインターバルをあけましょう。

次のお客さまへの移動が生じる場合には、移動時間＋30分の余裕を設けるのがベストです。全くクレームが起こらない業種、もしくは、クレームは営業マンではなく、他部署が直接対応をするという会社ではない限り、多少の余裕をもたなければなりません。

私は、常に30分くらいの余裕をつくり、空いた時間で、次の打ち合わせの内容を確認したり、社内やお客さまとの連絡を取り合って、仕事の処理をしていました。連絡はこまめに行った方が、お客さまも自分も助かるからです。

(3) 移動時間は、余裕をもつ

電車で移動する場合でも、たまに電車が止まることもあります。もしくは、乗り換えを間違えて、時間をロスしてしまうこともあります。車で移動する場合などは、渋滞で遅刻する行為は絶対に許されません。土地勘のない場所に行く場合も、場所を間違えたり、迷うこともあります。時間のリスクヘッジは必ずしておきましょう。

こうした理由から、必ず「30分前」に客先に到着できる時間を設定し、早めの到着を心がけましょう。

時間に余裕があるほうが、客先に到着してからも心に余裕がもてます。これが、ギリギリとなって、走って息を切らしたり、車を飛ばしてイライラしたりすると、商談にも影響が出てきます。

私は、時間がギリギリになってしまい、車の運転中からイライラしていたせいで、商談がまとまらなかったケースが何度もあります。**せっかくのチャンスを逃さないためにも、営業マンは「20%の余力」をもつことが重要なのです。**

（4）先の予定を埋めすぎない

先の予定まで埋まっているのが「できる営業マン」だと勘違いしている人もいます。会社の方針によっては、「1～2ヵ月先まで予定を埋めなさい！」と指示されたこともあります。

しかし私の場合は、1～2ヵ月先までぎっしり予定を入れたことで、困ったケースの方が多かったのが実情でした。

ときには、緊急かつ難易度の高い案件が突如入ってくることがあります。致命的なクレームもあれば、お客さまが困っていて助けを求めてくるときもあります。

1～2ヵ月先までぎっしり予定が埋まっていると、全く入れ替えができません。予定を空けるためには、お客さまに予定を変えていただくことになり、お互いにいい気持ちはしません。

1～2ヵ月先に入れておくのは、お客さまのいくつかの部署が出席する重要な会議であったり、お客さまと工場見学をするなどの予定にしておき、打ち合わせなどアポイントで埋めるのは、1週間～10日くらい先までにしておきましょう。

(5) 午前だけなど、空けておく時間をつくる

これはウラ技ですが、半日でもいいので、どこかで予備日を残しておくことです。できる営業マンは基本的に20％の余力を残していますが、さらにひと月に半

日ほど予定を空けておくのです。

こうすることで予期しなかった緊急案件にもさらに対応する時間ができますし、急なクレームにも余裕をもって対処できます。

リーダーであれば、予定よりも多く部下のフォローアップの時間にあてることもできますし、自分自身の商品知識の勉強時間にもあてることができます。

もちろん、この時間を使って顧客の新規開拓を試みることも可能なので、「20%＋α」の半日というのは、実はかなり重要な時間になってきます。

このように、人は与えられた時間を目一杯に埋めようとしてしまうため（パーキンソンの法則）、営業マンが、自ら余力が残るようにコントロールすることが大切なのです。

営業は「売ること」だけではなく、「余力をもっておくこと」も重要な要素になると覚えておいて下さい。

お客さまへのお願いごとは、常に「数段階」に分けるのが得策

普段の買い物で、私たちが引っかかっている手法とは

これは営業に限ったことではありませんが、他人に物事をお願いする方法はいくつかあります。しかし、ストレートにお願いするよりも、段階的にお願いした方が効果的なことが多いのは確かであり、この心理的手法も、大いに営業に活かすことができます。言い方を換えれば小さな「はい」を積み重ねていくイメージです。営業の仕事の中でも、心理学的な考え方が最も効果を発揮するのは「お願

いごと」の場面なのです。

ここでのテーマは、「フット・イン・ザ・ドア／ドア・イン・ザ・フェイス」です。「フット・イン・ザ・ドア」とは、小さなことから進めていけば、その後ろに控えている本当（大きな）の狙いを実現できるというものです。

この言葉は「セールスマンがドアに足を入れることができれば勝ち」ということから来ています。

もう1つの「**ドア・イン・ザ・フェイス**」とは、最初に断られることが前提で大きな要求を出して、そのうえで、本来の目的であった小さな目的を通すというものです。

お客さまがドアを開けたと同時に営業マンが顔を突っ込むと、お客さまはドアを閉めようとします。そのときに「お客さまが断った罪悪感を利用して話だけでも聞いてもらう」というところから来ています。

特に、ファッション業界などでは、「フット・イン・ザ・ドア」がよく使われています。順番に、1つずつ断れないようなことを小出しにしていき、最後には商品を売ってしまうという方法です。

実際のやりとりを連想してみましょう。

店員：何かお探しですか？
お客さま：こんな感じの服を探しています。
店員：では、お客さまのご要望に近いものをお持ちしましょうか？
お客さま：はい、見てみたいのでお願いします。
店員：もしよかったら、試着してみますか？
お客さま：ええ、とりあえず着てみるだけですが。

店員：鏡で、見てみて下さい。
お客さま：あっ、なかなかいいですね。
店員：すごくお似合いですよ。
お客さま：本当ですか、じゃあこれをいただきます。

などといった感じです。

いきなり、「この服いかがですか？」と聞かれたら、「見ているだけですので……」などと断る理由が思い浮かびます。

ですが、1つずつ細かく順番に、お客さまの「はい」を積み重ねていくと、最後には、断れなくなってしまうのです。

逆に、家電量販店や携帯ショップなどでは「ドア・イン・ザ・フェイス」が上手に使われています。

家電量販店に買い物に行くと、商品を購入した後に「付属ポイントの何％で5年保証が付けられますが、いかがでしょうか？」などと言われた経験は誰もがあるはずです。

大きな買い物をした後なので、小さな金額で安心が買えるならいいかと、つい申し込んでしまいます。ポイントが減るだけですので、大きな痛手はありません。

また、携帯電話ショップでスマホを購入すると、後から「この付属品はいかがですか？」とすすめられるパターンも同じです。「今ならスマホと一緒に、分割で購入できます」などと言われると、断る理由が見つかりません。

分割でしたら、月々にしたら安いものです。私もこの手法に乗っかってしまい、持ち運びバッテリー、コードが長い充電ケーブル、急速充電器、付属品などをたくさん買ってしまいました。

これを営業活動に生かさない手はありません。では具体的に、どのようにして営業活動に取り入れていけばよいのでしょうか？

営業マンが売る商品は、1つだけではない

小さなお願いごとを重ねていくうちに、本命の商品を売る方法は、個人向けに商品を売るサービス業にはピッタリなテクニックですし、実はコツコツとお客さまと信頼関係をつくっていく法人営業にも相性がいいのです。

「フット・イン・ザ・ドア」を上手に活用する方法として、このように順番に沿って攻略していく方法があります。

（1）アポイントを取る

法人営業のスタートは、お客さまと商談をするためのアポイントを取ることからです。お客さまは、自分に関係がない営業マンとは会いませんので、このアポが取れるだけでも、1つ目の「はい」を勝ち取ったようなものです。

（2）商品カタログの持参に「はい」をもらう

アポを取った後、商談の場で一生懸命に商品の説明をする営業マンが多いのですが、私からしたら、とてももったいないことをしていると感じてしまいます。

お客さまからの「はい」は、アポを取った1つしかなく、この状態ではお客さまへの影響力が足りないからです。

商品の説明は、次回訪問時に商品カタログを持参したい旨を伝えて、「はい」を勝ち取ってから行う方が賢明です。

（3）サンプルやデモ機を持参する

カタログを持参したと同時に、商品を販売しようとしてはいけません。まだまだ、お客さまからの「はい」を取る必要があります。次の機会に商品のサンプルを持参するか、デモ機を持参するなどして、お客さまに直接、触っていただくのです。

ここでも、お客さまの「はい」が取れます。

（4）見積りを提示する

お客さまに商品を触っていただいて感触がよければ、やっと、見積りを提示して値段交渉に入ります。「見積り提示」の了承を得ることで、お客さまの「はい」を勝ち取るのです。

ここまでスムーズにいければ、あとは細かい交渉だけになるので、商品が売れる日は近くなります。

次のパターンは、**「ドア・イン・ザ・フェイス」**です。

高価な物の購入を決めた後に、「追加で、このプランはいかがですか？」「保証はどうされますか？」「付属品はいかがですか？」などと、小さなプランを提示されると、大きな決断をした後なので、お客さまは「小さなこと」は気にならなくなってしまうのです。

この「ドア・イン・ザ・フェイス」を上手に活用する方法としては、このような方法があります。

（1）見積りは、若干高めに提示する

これは、値切られることを想定して、多くの営業マンが用いている方法です。通信販売などでも、最初に高い値段が提示され、その後、だんだん安くなっていく方法がよくあります。なんだか、得した気分になりますよね。

例えば、本来は20万円で販売すれば、利益を考えても十分な商品があったとします。ここで、20万円を提示するのではなく、あえて、22万円程度の値段を提示します。

22万円で納得していただければさらに利益が取れますし、「もう少し安くして欲しい」となった場合、次に20万円を提示すると、はじめに提示された22万円に比べたら安くなっているので、お客さまには得した気分になってもらえます。

ただし法人のお客さまの場合は、相場が分かっていますので、あまりかけ離れた値段を提示する訳にはいきません。ほんの少しだけ高い値段提示をするのがベストと言えるでしょう。

（2）購入を決めた後に、他の商品もすすめる

お客さまに本命の商品を販売したら、必ず他の商品もすすめてみましょう。ここでのポイントは、本命の商品よりもだいぶ安い金額でないといけません。お客さまが、気にならない程度の金額です。

法人向けの場合には、コピー機のリース契約を取った後に、光回線への切り替えを提示したり、予備のトナーやコピー用紙を数ヵ月分まとめて販売するなどです。

（3）購入を決めた後に、保守契約や長期保証契約をすすめる

ＩＴ業界、コピー機、自動車リースなど、保守管理が必要な商品の場合であれ

ば、必ず商品を売った後に、保守契約や長期保証契約をすすめてみましょう。

購入の前に提示すると断られることが多いのですが、なぜか、購入を決めた後にすすめると、契約率が上がります。

法人のお客さまの場合は、話がまとまってから、あれやこれや言い出すと、不信感を与えてしまいます。そのため、商談をしていて、決まりかける前あたりに、保守契約をすすめてみると案外うまく行きやすいです。

このように、段階的に交渉を進めていくと、お客さまは断りにくくなり、商談の成約率が上がります。

ぜひ、「フット・イン・ザ・ドア」「ドア・イン・ザ・フェイス」を試してみて下さい。

「コントラスト効果」を駆使して、商品を選びやすいように工夫しよう

比較対象があると、人は錯覚する

日々の仕事の中で、お客さまに1つだけの企画案、または1つだけの値段の提示をして、その結果成約に至らないケースは多いと思います。**その理由は、お客さまに複数の選択肢を提示しないからに尽きます。**

そして、これがお客さまが商品を購入しない大きな理由なのです。

お客さまに1つの案だけではなく、複数の案を提示して比較させることによって、最終的にはそのどれかを選択してもらいやすくなります。

ここでは、複数の物やサービスが比較されていると、その中で一番低価格なものを「安い」と感じる「コントラスト効果」を紹介します。「対比効果」ともいいます。意外にできていない人が多いので、気をつけましょう。

では最後に、この「コントラスト効果」が日頃の営業活動にどのような影響を与えるのかを見ていきましょう。

みなさんがイタリアンやフレンチなど、少し高級なレストランへ食事に行ったときを想像してみて下さい。メニューには、左記のように書いてありました。

Aコース：7000円
Bコース：5000円
Cコース：3000円

この場合、多くの方がBコースを選ぶ傾向があります。一番安いCコースでは物足りなさそうだし、Aコースまでは必要ないかなと思うためです。

そこで、もしBコースを売りたいからと、下記のようにしたらどうでしょう。

Bコース：5000円

Cコース：3000円

すると、多くの方が安い方のCコースへ流れてしまうのです。

もう1つ例を紹介します。仕事で着るスーツを買いに行ったとき、スーツだけを買うはずが、ネクタイ、ベルト、シャツなど、いろいろなものをついでに買ってしまったことはないでしょうか。

例えば、3万円~4万円のスーツを購入したとします。そうすると、5千円のシャツやベルトなどが、安く感じられてしまうことによって、お得に思ってついつい購入してしまうのです。

複数の物やサービスが比較されているとき、その中で一番低価格なものを「安い」と感じたり、高額な商品を見た後に、それより安い商品を見たとき、その商品を価値以上に安いと感じたりする心理的効果が、まさに「コントラスト効果」なのです。

それでは、これを実際にどのようにして営業活動に取り入れていけばよいのでしょうか？

比較対象は、複数用意する

売りたい商品やサービスを強調するために、候補をたくさん用意することが基本となります。**お客さまに提示するときは、必ず比較対象をつくるのです。**

商品企画案を提案するとき、お客さまに商品を販売するときなど、1つだけで比較対象がない状態ではなく、複数案提示することにより、複数の中から選んでもらうことができるようになります。

特に、売りたい商品を、「より高いもの」「より安いもの」で挟むことで、より、真ん中の商品が強調されるようになります。

私の経験した営業活動で「コントラスト効果」をうまく活用できた例をお伝えします。

(1) 提示する案は、2つ以上

お客さまに提案する案が1つでは、「イエス」「ノー」、すなわち、「いる」「いらない」の議論になってしまいます。すぐに断られることを避けるために、2つ以上の選択肢を用意する必要があります。

私は営業マン時代、自動車部品メーカーに商品の企画案をもって訪問していました。最初の頃は、ヒアリングした内容をもとに、お客さまに気に入ってもらえそうな企画案を1つだけ提示していたのですが、「採用できない!」と突き返されることが増えてきたのです。

そこで私は、少し角度を変えた企画案を2つ、3つ同時に持参するようにしたのです。そうしたら、その場で断られることはなくなり、「A案よりB案の方がいい」「B案にC案の要素を取り入れて、再度、提案して欲しい」などと言われることが増え、商談が前に進むようになったのです。

このように、お客さまに提示する案は、常に2つ以上、できれば、3つ用意したいものです。

(2) 金額は、条件を変えて3段階で

営業マンが売りたい商品を、お客さまに「高い」と思わせないためには、先述のように、売りたい商品を「高いもの」「安いもの」で挟みます。

条件を変えて、3つの値段を用意するのです。1つの値段しかないと、「高い」と思われてしまい、商談が進まないことがあるからです。

これは、私がパソコンメーカーでIT業界向けにパソコンを販売していた頃の話です。商品の性能が高い、低いで値段は違うのですが、他にも以下のように3つの工夫をしていました。

1つ目は、サポート内容で差をつけることです。サポートの内容を3段階に分けて値段を提示していました。

2つ目は、保証期間で差をつけることです。通常の保証期間が1年ならば、それよりも長い3年保証、それよりも短い6ヵ月保証の値段を設定し、1年保証を間に挟むことで、スムーズに販売できました。

家電量販店で販売する家電製品は、通常1年保証ですが、法人向けに販売するときは、保証期間が短いタイプの問い合わせもありました。

3つ目は、販売数量をロット単位で考えて、販売価格を変える方法です。ここでも３つのバリエーションを用意します。

私が実際に行った例では、通常１台単位での販売価格のところ、10台単位と、３台単位の３段階の価格を設定して提案しました。すると、真ん中の３台単位の方が売れるようになった経験があります。

（３）高めの金額を提示してから、売りたい価格を提示する

営業マンがいきなり売りたい価格を提示すると、お客さまは安くして欲しいと感じてしまうものです。最初は、少し高めの価格を提示して、その価格を意識させてから値切りに応じる、もしくは、正規の値段を出すなどの工夫が必要です。

近年では、最初から「ずばりの値段を提示」する営業マンも増えてきました。ですが、お客さまによっては、まだまだこの方法は有効です。

これは、私がＡＶ機器メーカーに電子部品を納入していたときの話です。

購買担当者から、毎回、提示した価格を下げるように言われるため、事前に

「1個200円まで下げてもよい」との許可を上司にもらったうえで、まずは、250円で値段提示をしました。お客さまも同業他社の類似品から相場を計算していたようで、高いと感じ、値段を下げるように要求がありました。

そこで、何度かの値段交渉の末、210円で落ち着かせたのです。

もしも最初から200円の値段を提示していたら、180円くらいになってしまっていたでしょう。数量が100万個単位のため、10円でも大変な金額です。

お客さまの購買担当者は、値段を下げるのが仕事です。1回の値段提示で決まらない場合、高めの金額を提示してから、売りたい価格を提示する方が得策です。

このように、「コントラスト効果」を利用することで、交渉の工夫をすることができます。「比較するものを複数提示すること」「売りたい商品は3段階の真ん中に挟むこと」「高めの値段を見せてから下げること」で、売りたい商品が売れるようになるのです。

この「コントラスト効果」を、ぜひご自身の営業活動に取り入れてみて下さい。こういう仕事の仕方を続けていると、お客さまから「また会いたい」「あなたから買いたい」「あなたの話が聞きたい」と思われる営業マンに一歩近づくことができます。

営業は難しい仕事である反面、コツを掴めば誰でも優秀な営業マンになることができます。この本で学んだことを活かし、ぜひ営業マンとしてステップアップして下さい。

おわりに

現代の営業スタイルは、旧来の営業スタイルとは、だいぶ変わってきています。情報があふれており、ネットで調べれば何でも分かる時代です。そんな中、より人と人との結びつきが大切になってきたのは間違いありません。

一人の営業マンが受け持つ仕事量は、昔に比べてかなり増えています。そのため営業マンは、効率を求められたり、合理化を求められたり、ミスを最小限に抑える工夫に加え、瞬時に動くスキルが必要となってきています。

今までと同じことをしていれば、どんどん時代に取り残されてしまいます。世の中が変わっていくと同時に、営業マンも変わっていかなければなりません。

本書では、そんな現代に求められている営業メソッドを、「社会心理学」と「行動心理学」を元にした効果や法則に当てはめ、事例などを掲載することで、現代の営業マンに求められている能力を解説してきました。

しかし実は、ここで紹介した営業メソッドは、時代とともに新しく登場したものというよりは、古くから受け継がれてきた、人間の心理を活用した基本的なものばかりです。

だからこそ今それを見直し、現代の営業スタイルにこのメソッドをいかにフィットさせていくかで、営業マンとしての未来が大きく変わるのです。


自然に物が売れた時代は終わり、簡単には物が売れない時代が続いています。そのため、営業マンは、手っ取り早くテクニックで物を売ろうとしてきました。

例えば、「いいことしか言わない」「強引にでも口で説得する」「売ることしか考えない」などです。


しかし、お客さまも当然情報量が多くなり、見せかけだけの営業テクニックには反応しなくなってきました。だからこそ今、人間の「心理」に基づいた営業の原点に戻る必要があると感じています。

そう、それが営業マンの自己心理改革なのです。

ここでご紹介した20個の法則、効果は営業という職種では武器になるものばかりです。それをどう取り入れ、どう活かすかは、あなた次第です。ぜひ、このメソッドを活用して、あなたの営業力をワンステップ向上させて下さい。

この本が、みなさまのお役に立てることを、心より願っております。

平成31年3月吉日

大岩俊之

【著者紹介】

大岩俊之（Toshiyuki Oiwa）

理系出身で、最新のエレクトロニクスを愛する元営業マン。

大学卒業後、電子部品メーカー、半導体商社など４社で法人営業を経験。いずれの会社でも、必ず前年比150％以上の営業数字を達成。200人中１位の売上実績を持つ。

独立起業を目指すなか、「成功者はみな読書家」というフレーズを見つけ、年間300冊以上の本を読むようになる。独立起業後、読書法やマインドマップ、記憶術などの能力開発セミナー講師をしながら、法人営業、営業同行、コミュニケーション、コーチングなどの研修講師として8,000人以上に指導してきた実績を持つ。年間200日以上登壇する人気講師として活躍している。

主な著書に、『格差社会を生き延びる“読書”という最強の武器』『口下手でもトップになれる営業術』（ともにアルファポリス）、『読書が「知識」と「行動」に変わる本』（明日香出版社）、『年収を上げる読書術』（大和書房）などがある。

格差社会を生き延びる“読書”という最強の武器

大岩俊之◆著

◉ISBN 978-4-434-22424-9
◉定価：本体1500円＋税

格差社会で道を切り拓くのは「知識」と「教養」に他ならない。それを可能にするのが〝読書〟である。

口下手でもトップになれる
営業術

知っているようで
知らなかった、
「トーク」よりも
大切な営業の基礎

大岩俊之 著

◉ISBN 978-4-434-24395-0
◉定価：本体1300円＋税

話術だけでは決して物は売れない!!
基礎を重んじた真の「営業力」こそが
多くの共感を呼び、人の心を動かす！

大岩俊之
Toshiyuki Oiwa

口《くち》下《べ》手《た》でも
トップになれる
営業術

知っているようで知らなかった、
「トーク」よりも大切な営業の基礎

口で勝負するのは二流!

一流の営業マンほど
基本を重視している!!

アルファポリス

「意外と知らない名刺交換術」から
「話の伝え方2原則」まで基礎を重んじた27の営業スキル

この作品に対する皆様のご意見・ご感想をお待ちしております。
おハガキ・お手紙は以下の宛先にお送りください。

【宛先】
〒150-6005 東京都渋谷区恵比寿 4-20-3 恵比寿ｶﾞｰﾃﾞﾝﾌﾟﾚｲｽﾀﾜｰ 5F
（株）アルファポリス　書籍感想係

メールフォームでのご意見・ご感想は右のＱＲコードから、
あるいは以下のワードで検索をかけてください。

アルファポリス　書籍の感想　検索

ご感想はこちらから

商談が楽しくなる！　モノが売れる！
営業マンの自己心理改革

大岩俊之 著

2019年 3月 31日初版発行

編　集－原　康明
編集長－太田鉄平
発行者－梶本雄介
発行所－株式会社アルファポリス
〒150-6005 東京都渋谷区恵比寿4-20-3 恵比寿ｶﾞｰﾃﾞﾝﾌﾟﾚｲｽﾀﾜｰ5F
TEL 03-6277-1601（営業）03-6277-1602（編集）
URL http://www.alphapolis.co.jp/
発売元－株式会社星雲社
〒112-0005 東京都文京区水道1-3-30
TEL 03-3868-3275
装丁・中面デザイン－ansyyqdesign
印刷－中央精版印刷株式会社

価格はカバーに表示されてあります。
落丁乱丁の場合はアルファポリスまでご連絡ください。
送料は小社負担でお取り替えします。
©Toshiyuki Oiwa 2019. Printed in Japan
ISBN 978-4-434-25774-2 C2034